貯金しかしたことがない

お金偏差値30でも始められる株式投資の教科書

The Textbook of Stock Investing for All Beginners

ADACHI Takeshi

足立武志

公認会計士・税理士　ファイナンシャルプランナー

JN033644

扶桑社

はじめに　株式投資する人・しない人の格差

今、株式投資を始める人が増えています。

筆者も個人投資家の方に話を聞く機会がありますので、「なんで始めたのですか？」と聞いてみたりします。すると、非常に多い答えが「老後に備えて資産を増やしておきたい」というものでした。

実は、我が国では会社勤めをしている人の給料は、20年前と比べて減っています。１９９６年に平均４７２万円だったものが、２０１８年には平均４３３万円にまで減少しているのです。ここに社会保険料の増額や消費税の増税などの影響を加味すると、実質的に使えるお金はさらに減っているというのが現実です。

ちなみに、先進国の間で20年の間に会社員の給料が減っているのは日本だけです。

会社勤めの人の給料が増えない理由が、会社が儲かっていないからだとすれば、それはそれで寂しいですが、あきらめもつくところです。ところが、実は会社、特に上場企業はかなり儲かっているのです。

２０２３年3月決算の上場企業の集計では、なんと39兆円超もの利益をたたき出しているのです。そしてついに日経平均株価は１９８９年のバブル時高値を超え、２０２４年３月には４万円の大台に乗せました。

日本はバブル崩壊から30年以上がたちました。ほとんどの人の感覚は、会社が今、ガンガン儲かるような好景気に沸いているなどと思わないでしょう。逆に、生活が年々苦しくなっている、と答える人の方が多いのです。

一方、上場企業が上げた利益の額は、バブル時すらも上回って過去最高を更新中です。全体的には景気があまりよくないように見えて、実際、上場企業はバブル期よりもさらに大きな利益を獲得している、それが紛(まぎ)れもない事実なのです。

投資をする人としない人とで格差が広がっている

では、このように企業は儲かっている、だけど多くの会社員の給料はなかなか増えないという状況で、何をすれば私たちも企業の儲けの恩恵を受けられるのでしょうか？

それはもちろん、企業の株主になることです。上場企業の株式を買って保有すれば、配当金を受け取ることができますし（**インカムゲイン**）、業績が伸びれば株価の上昇による値上がり益も期待できます（**キャピタルゲイン**）。

２０１２年の終わりから続いた、いわゆる**「アベノミクス相場」**。アベノミクス相場では、株式投資をしている人としていない人の格差がさらに広がりました。もともと株式投資をしている人の方が資産額は大きかったのですが、アベノミクス相場を経て、両者の差がさらに拡大しています。おそらく、この動きは今後も継続すると筆者は思っています。

バブル崩壊前は、預金に対して数％の利息がつきましたから、無理にリスクを取って投資する必要はありませんでした。しかし、今はようやく日銀がマイナス金利の解除を行ったものの預金の利息は超低水準。いくら貯蓄に励んだとしても、そこから新たなお金は生み出されません。一方、株価はアベノミクス相場で大きく上昇しました。

今後も預金ではなく投資をしないとお金を増やすことができない、という世の中に変わりはないのではないか、と筆者は思っています。

●インカムゲイン、キャピタルゲイン　インカムは定期的に入る収入のことです。株式投資の場合は主に、その企業が上げた利益の中から、毎年、株主に支払う「株主配当金」のことを指します。「株主優待」も一種のインカムゲインです。一方、キャピタルゲインとは、買い値よりも株価が上昇した時に売ることで得られる「値上がり益」のことを指します。

●アベノミクス相場　2012年12月に誕生した自民党の第2次安倍晋三政権は、大胆な金融緩和や機動的な財政出動、民間投資を呼び込む成長戦略を「3本の矢」に見立てた「アベノミクス」と呼ばれる政策を表明しました。特に日銀と連携した金融緩和政策が好感されて、株価は2012年末から2013年にかけて急騰。「アベノミクス相場」と呼ばれる株価の上昇が長期間続きました。

まずは一歩を踏み出してみよう！

「まずは一歩を踏み出してみよう」とはいっても、株式投資は敷居が高いのも事実。しかし、とにかく証券会社に口座を開かなければ何も始まりません。

株式投資に興味はあると言いながらも、証券会社の口座開設すらしていない人はとても多いようです。でも、口座開設するだけなら何も怖くありませんから、まずは口座を開きましょう。

何をするにも初めは怖いもの。そこで、最初は少額から始めることをお勧めします。また、株式投資の入門書を読んだりして勉強することも重要です。株式投資には、独特の用語が数多くありますし、どの銘柄を選ぶか決める時に用いる指標も知っておきたいものです。

とにかく、まずは5万円でも10万円でもよいのでやってみてください。すると、「ああ、株式投資って、思ったほどは難しくないね！」とすぐに慣れてくるはずです。

くれぐれも、最初からスゴ腕投資家の真似をしようなんて思わないでくださいね。彼らは経験豊富で百戦錬磨（ひゃくせんれんま）のベテラン投資家ですから、初心者が同じようにできるわけがありません。まずは株式投資に慣れること、それができたら銘柄選びの方法や、売買のルール作りなど、具体的なところに進んでいくようにしましょう。

株式投資は甘くない！　と考える人ほどお金が増える理由

長い人生を歩んでいく中で、私たちは様々な悩みや困難に直面します。その一つが「お金」の問題です。

何をするにも、まずお金がないと始まりません。物を買うことも、食事をすることも、何かを学ぶことも、結婚することも、子育てをすることも、家を買うことも、商売を始めることも……。

逆に言えば、お金さえあれば、かなりの悩みが解決するといってもよいでしょう。

生きていくにはお金が必要です。だから私たちは大人になったら働きます。働いたお金を生活費にあてますが、残ったお金をどうするかが大きな分かれ目になります。

残ったお金を趣味や遊興費に使ってしまうのはダメ、というわけではありませんが、そうするとお金が手元に残りません。カード払いであれもこれもと使ってしまえば、お金が残るどころか実質的に借金をしているのと同じです。

実際、預貯金の金額がゼロとか、100万円以下という人は非常に多いのが現実です。

お金を効率よく貯める方法とは？

でもそれでは、いつまでたってもお金に対する悩みの解決はできません。将来必要となるお金への不安を取り除くためには、お金を貯める必要があります。

よく言われるのが、お給料をもらったら、先にお金を貯めてしまおうというものです。例えば、お給料の2割は、もらったらすぐ銀行の別口座に入れる。その口座に入れたお金には手をつけず、残り8割で生活するのです。ボーナスをもらったら、最低半分、できれば全額を貯金します。

こうすれば、年収の20％以上が自分の手元に残ります。これを続けるだけで、それなりの金額を貯めることができるでしょう。

実際、一昔前は、無理に投資をしなくとも、この方法で老後に必要な資金を作ることができました。

しかし残念ながら、超低金利の状況下では、せっかく頑張って稼ぎの一部を貯金しても、利息がほとんどつかないので、お金がなかなか増えません。金利の力を活用できないのは非常に痛手なのです。

貯めたお金を投資に回すことでお金が増えていく

では、貯金したお金を増やすことができる方法はないのでしょうか。いいえ、方法はあります。それが「投資」です。

投資にはいろいろなものがありますが、代表的なものが株式など金融資産への投資と、不動産への投資です。

何といっても株式投資は不動産投資に比べて、はるかに少額で始めることができるのが特徴です。

筆者も、株式投資を開始した時は、30万円の資金から始めて、３つの銘柄を買いました。

貯金をしても一向にお金は増えない中、しかし日経平均株価はアベノミクス相場がスタートした２０１２年終わりから、およそ11年間で４倍以上になりました。

個別銘柄に目を向ければ、この間に株価が10倍以上になったものも数多くあります。

実際、筆者もアベノミクス相場の恩恵を受けて資産を大きく増やすことができました。

これは、株式投資をしていなければ到底なし得なかったことなのです。

働いて稼いだお金を頑張って貯金してもそのお金は増えません。でも、株式に投資すれば道は見えてきます。お金を増やすためには投資が必要であるということをぜひ理解していただきたいと思います。


株式投資は甘くない！　でもとっても楽しい！


最近は「投資をしないとお金が増えない」と感じる方が多いようで、個別株への投資や投資信託、**ＮＩＳＡ（ニーサ：少額投資非課税制度）、ｉＤｅＣｏ（イデコ：個人型確定拠出年金）**などを始める人が増えています。

一方、残念ながら株式投資をしている個人投資家の多くは、満足のいく成果を出すことができていません。株式投資で成功している人は全体の１割にも満たないといわれていいます。お金を増やすために株式投資を始めたのに、逆にお金を減らしてしまう人もいます。
でも安心してください。確かに株式投資をなめてかかると時に大きな損失につながってしまいますが、損失をできるだけ抑えつつ、しっかりと利益を得ることができるような正しいやり方もあります。それを身につければ、望んでいる資産形成が可能になりますし、資産が増えれば株式投資が楽しくないはずがありません。

そのためには、インターネットやSNSなどに転がっている信ぴょう性の低い情報を鵜呑みにするのではなく、自分で学び、個人投資家として自立できるような力をつけていく必要があります。そしてそれは決して難しいものではありません。あなたが学ぶ意欲と株式投資で成果を上げたいという強い信念があれば、十分に実現可能なものなのです。

●NISA（ニーサ：少額投資非課税制度） 年間360万円、生涯非課税枠1800万円までの株式等への投資の利益に対して、無期限で約20%の税金がかからない非課税制度のことです。生涯非課税枠のうち最低600万円は、「つみたて投資枠」として世界中の様々な株価指数に連動するように設計された「インデックス型」などの投資信託を投資対象とする必要があります。

●iDeCo（イデコ：個人型確定拠出年金） 個人が自ら掛け金を積み立てて、60歳以降、その元本と利益を一時金もしくは年金として受ける年金制度です。積み立てた金額が毎年、所得控除されるので、その分、所得税・住民税を節税できる、運用中に得た利益に税金がかからない、受け取る時に退職所得控除や公的年金等控除を受けられる、という3つの節税効果があることで、加入者が増加しています。ただし、掛け金は原則、60歳以上にならないと引き出せません。また掛け金の上限は、年金の加入状況によって異なります。

投資リテラシーをチェック！「お金偏差値」は成功に直結する

近年、「リテラシー」という言葉をよく聞くようになりました。投資の世界でも、投資リテラシーという言葉が使われています。

リテラシーとは能力のこと。つまり、投資リテラシーとは、自分自身が投資で成功できるための知識、能力がどれくらい身についているか、と言い換えることができます。

筆者が数多くの個人投資家の方と接していて気づくのは、投資リテラシーが高くない方が非常に多いという点です。

でもそれはある意味、仕方がない話。なぜなら、投資リテラシーは学校でも習わないし、仕事をしながら身につくものでもないからです。自分自身が意識的に高めようと思わないとなかなか向上しない、それが投資リテラシーなのです。

基本的投資リテラシーとは？

筆者は、投資リテラシーには、「基本的投資リテラシー」と「実践的投資リテラシー」の２つがあると考えています。

基本的投資リテラシーとは、投資の教科書に載っているような基本的知識のことです。例えば、次のようなものです。

基本的投資リテラシー

・預金が最もローリスク・ローリターンで、株式が最もハイリスク・ハイリターン、債券はその真ん中である。

・インフレになるとお金の価値が下がり、デフレになるとお金の価値が上がる。
・債券の利回りは高いほど有利なのではなく、高いほどリスクが高い。
・投資先が倒産すると投資資金の多くが失われるので、倒産可能性が低い投資先を選ぶ。
・一つの投資先に資金を集中させるとリスクが高すぎるので複数の投資先に分散させる。
・**PER（株価収益率）**や**PBR（株価純資産倍率）**は低いほど、**配当利回りは高い**ほど、株価は割安といえる。

さすがに投資をするなら、このくらいは知っておかないとまずい、というレベルのものですが、この基本的リテラシーすら危ういという方が多いのです。例えば、倒産リスクが高いほど債券の利回りが高くなるのは投資の世界では常識です。ところが、利回りが高いほど、利息をたくさん支払うことができる優良な会社で、倒産リスクも低いと本気で信じている人も意外といるのです。

投資の教科書を読んだり、ネットで調べたりすればすぐ分かることばかりですので、最低限、この基本的リテラシーは身につけておいてほしいものです。

●ＰＥＲ　企業がその期に上げる1株当たりの予想純利益と株価を比べて、株価が割安か割高かを測る指標です。具体的には「株価÷予想1株当たり当期純利益」で計算します。例えばＰＥＲ10倍ということは、その企業が今後、10年続けて今の利益を維持すると、10年後には株価と同じだけの利益総額になることを意味します。ＰＥＲが高い企業は、投資家がその企業の利益が今後もっと伸びると考えている期待感の表れでもあるので、企業の人気・不人気を測る指標ともいえます。

●ＰＢＲ　企業の株価と、その企業が保有する資本金や利益剰余金などの純資産を比較して、株価が割安か割高かを測る指標で、「株価÷1株当たりの純資産」で計算します。ＰＢＲが1倍を割り込むと、理論上は、その企業の株を全て買い占めたあと、会社を解散し、保有する資産と負債を全て売却すると、お釣りがくる計算になります。

●配当利回り　企業がその期に払う予定の配当金と株価を比べた指標です。「当期予想1株当たり配当金÷株価×（100％）」で計算します。配当利回りの高い株は、分子の配当金が高いか、逆に分母となる株価が下落しているか、のいずれかです。配当金の利回りが高くても、将来の配当金が減らされるなどして株価が下落し続けたら、値下がり損で損失が出る可能性もあります。

成功するためには実践的投資リテラシーも絶対に必要

ではこの基本的投資リテラシーを身につければ、投資で成功できるでしょうか。残念ながら答えは否です。

基本的投資リテラシーは、それを知らないで投資をするなんて危険過ぎる、というほどの基本的なものだからです。

投資で成功するためには、これに加えて実践的投資リテラシーを身につける必要があります。筆者が考える実践的リテラシーとは、例えば次のようなものです。

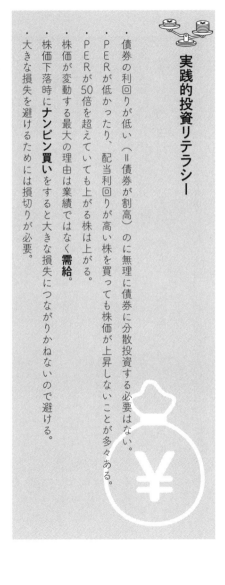

実践的投資リテラシー

- 債券の利回りが低い（＝債券が割高）のに無理に債券に分散投資する必要はない。
- ＰＥＲが低かったり、配当利回りが高い株を買っても株価が上昇しないことが多々ある。
- ＰＥＲが50倍を超えていても上がる株は上がる。
- 株価が変動する最大の理由は業績ではなく**需給**。
- 株価下落時に**ナンピン買い**をすると大きな損失につながりかねないので避ける。
- 大きな損失を避けるためには損切りが必要。

・株価の突然の急落に備えて**プットオプション**を使う。
・バブルは怖いが上手に活用すれば短期間で資産を大きく増やすこともできる。
・長期投資（バイ・アンド・ホールド）や積み立て投資は必ずしも万能とはいえない。

●需給　株というのは「買いたい」という人が「売りたい」という人より多ければ上がるものです。反対に売りたい人が買いたい人より多ければ下がります。株に対する需要（＝買いたい人）と供給（＝売りたい人）の力関係は「需給」と呼ばれ、株価を動かす最も直接的な要因になります。

●ナンピン買い　買った株が予想に反して下落した時、新たに買い増しして平均購買単価を下げることです。その後、上昇に転じると早めに損益が好転するものの、さらに下落が続いた場合、損失が拡大するリスクがあります。「買い下がり」とも呼ばれます。

●プットオプション　オプションとは「株などの資産をある期日に買ったり売ったりする権利（＝オプション）」のことです。英語で「プット」は売りを意味するので「プットオプション」とは株などをある期日にある価格で売る権利のこと。例えば、「何月何日に株を1000円で売る権利」を買ったとしましょう。もし、期日までに株価が1000円を割り込むほど急落した場合でも、その権利を行使すれば、株を1000円で売ることができるので、急落による損失拡大を回避できます。このように、株価の急落に対する「保険」のような役割を持っているのがプットオプションです。

実践的投資リテラシーを身につけて「お金偏差値」を高めよう

筆者が考える実践的投資リテラシーとは、大きな損失をできるだけ避けつつ、そこそこのリターンを目指すために必要な知識、能力と考えています。

大きな利益を第一に目指さないのは、大きな利益を求めすぎると必要以上にリスクも抱え込むことになり、結果として大きな損失を被る可能性が高まるからです。

そして、実践的投資リテラシーの中には、一般的な投資の教科書には書かれていないものや、教科書に書かれていることとは異なる内容も含まれています。

まさに教科書を読んだだけでは足りず、実践して身につけるべきものなのです。

本書は「お金に対する意識の高さ・低さ」を「お金偏差値」と名づけて、タイトルにしました。株式投資は、資産を増やすという意味でも、お金や経済の勉強をしないと成功しないという意味でも、あなたの「お金偏差値」を上げる格好の手段です。

高いほどお金を増やす能力がある「お金偏差値」でそれぞれの段階を表すと、次のようになります。

・投資をまったくしたことがない…お金偏差値30
・基本的投資リテラシーがない…お金偏差値30〜40
・基本的投資リテラシーが身についている…お金偏差値40〜50
・実践的投資リテラシーが身についている…お金偏差値50〜60

お金偏差値50がボーダーラインで、これを下回ると投資で失敗してしまう可能性が高く、上回ると成功する可能性が高くなります。そして50から離れるほど、その可能性がより高まります。

お金偏差値を60以上にするには、実践的投資リテラシーを手に入れたあと、さらに専門的で高度な知識、能力を身につける必要がありますが、それには時間も労力もかかります。

したがって、筆者個人としては、まず実践的投資リテラシーをしっかりと学び、お金偏差値60を目指すべきだと思います。このレベルなら、正しく学び、かつ実践を積み重ねていけば十分達成可能です。

そのうえで、余力があればさらに上を目指せばよいのではないでしょうか。

株式投資を学んで、あなたのお金偏差値を上げよう！

本書は株式投資の極意について、筆者が実際に経験したこと、感じたこと、考えていることを、一話完結の読み物の形にまとめたものです。

一話、一話は、**楽天証券の投資情報メディア「トウシル」**に２００９年10月7日から今に至るまで連載している**「知って納得！株式投資で負けないための実践的基礎知識」**というコラムから、厳選し、順序をアレンジして再構成しています。

連載そして本書の趣旨は、株式投資がうまく行かない、という個人投資家に、負けない、失敗しないためにはどのように行動すべきかなど、実践をベースにしたすぐに役立つ真の基礎知識や新たなヒントを提供することです。

すでに株式投資を始めた方のみならず、これから始めようと考えている方にも、大変参考になる情報や考え方をたくさん盛り込みました。

執筆当時の株式市場の状況を色濃く反映している部分もありますが、読み切りのコラム形式ですから、一話、一話、気楽に読み進めてください。

長期連載のため、執筆内容に重複もありますが、それは筆者が「株式投資にとって重要」と思っているからこそ、繰り返し、述べている面もあります。

肩ひじ張らずに、ラクな気持ちで読み流すだけでも、あなたのお金偏差値は格段にアップすると信じています。

●**楽天証券の投資情報メディア「トウシル」** ネット証券の楽天証券が運営する投資情報メディア。月に260万人以上が読み、月間ページビューは1400万を超えています(2024年3月時点)。「お金と投資をもっと身近に!」をテーマに、株や投資信託などの資産運用、節約・節税、キャリア形成など幅広いお金のお役立ち情報を配信。筆者も毎週連載しているので、ぜひアクセスしてみてください。https://media.rakuten-sec.net/

2024年4月

足立武志

お金偏差値30でも始められる株式投資の教科書　目次

第4章 銘柄選びの基本。どんな株を買うべきか？　123

※本書で紹介しているデータや情報は特別な注記がない限り、２０２４年４月現在のものです。本書は投資や資産運用に役立つ情報を記載していますが、投資に関するあらゆる意思決定、最終判断はご自身の責任において行われますようお願いいたします。ご自身の投資、資産運用で損害が発生した場合、株式会社扶桑社及び著者は一切、責任を負いません。また、本書の内容については正確を期すよう万全の努力を払っておりますが、２０２４年４月以降に相場状況、金融状況が大きく変化した場合、その変化は反映されていません。上記、どうかご了承ください。

第1章

株式投資を始めるメリットとは？

株式投資のメリットは資産形成だけではない！

筆者は株式投資を始めてから25年がたちました。もちろん、資産形成という目的で始めましたし、実際に資産形成に大いに役立っています。

でも、株式投資をすることによるメリットはそれだけではないのです。例えば、投資する銘柄を選ぶ際には、ある程度、決算書の知識が必要になってきます。

単に決算書の知識を学ぼうとしても、なかなかおっくうで腰が重いと思います。でも、決算書の知識を学んで正しい銘柄選びができれば、自分の資産を大きく増やすことができる……と思えば、やる気が出てくるのではないでしょうか。

また、毎日のニュースで流れる株価のことなど全く気にならなかったのが、日々チェックをするようになり、今の日本や世界のマーケットで何が起きているのかを知りたいと思うようになるのです。

興味がなければ情報のアンテナはいつまでも立たない

人間とはおもしろいもので、同じ情報が耳や目から入ってきても、自分が関心を持っていない内容は頭に全く残りません。でも、株式投資を始めることで、今まではスルーしていたたくさんのニュースが、自分自身の情報のアンテナに引っかかってくるのです。

それもそのはず、しっかりと必要な情報をキャッチしなければ、株式投資で失敗する可能性が高まってしまうからです。企業の業績や国内外の景気情勢、そして近年では世界各国の金融緩和政策の変化の有無などについてもキャッチアップが必要です。

残念ながら「しっかり学ぼう」という気持ちより「儲けよう」という気持ちが強いと、経済やマーケットについてほとんど勉強せず、単に「オススメ銘柄」に投資するだけになってしまいがちです。それではなかなか株式投資で成果を出すのは難しいと思います。

経営者は皆、経済やマーケットの話に詳しい

筆者は仕事柄、経営者の方と接する機会が多いのですが、お会いする経営者の方々は皆、経済やマーケットについて高い関心を持っています。経済動向により、ご自身の経営されている事業にも大きな影響がありますから、当然のことです。

経営者と会話をする時、自分自身が株式投資をしていないと、経済のニュースやマーケットの状況、企業の決算の内容など新聞に書かれていることでも、なかなか頭に入ってい

ないので、会話が盛り上がりません。

でも、特にあなたが若い人であれば、自分自身から積極的に経済やマーケットの話題を振っていくことで、「若いのによく勉強しているなあ」と経営者に気に入られることもあるのです。

株式投資をすることは、ご自身の仕事にとっても、間違いなくプラスになるでしょう。

情報の波におぼれないよう注意

株式投資を始めようとしている、あるいは始めたばかりの方に対して筆者から一つだけ注意点を忠告しておきたいと思います。それは「情報の波におぼれないようにする」ということです。

情報の中には、私たち個人投資家にとっては不要なものや、頭が混乱してしまうようなものもあります。

特にマーケットの世界においては、いろいろな人がいろいろな立場でいろいろな意見、見解を発信しています。例えば、プロ同士が同じ会社の株価について「今後上がる」「いや、今後下がる」と全く正反対の見解をしている、というのは日常茶飯事です。

また、株価の見通しや為替の見通しなども、いろいろなプロや専門家の話を聞いているうちに、自然と「相場感」を持ってしまいます。その相場感の通りに行動したにもかかわらず、逆方向に株価が動いてしまうと、大きな損失を被ってしまいかねません。

得るべき情報を取得することは当然必要ではありますが、それと同時に、相場感と逆方向にマーケットが動いた場合のダメージを少なくするようなルールの設定と遵守もとても大事です。

情報を上手に活用して、情報に振りまわされないように気をつけましょう。

株式投資が初心者向きであるこれだけの理由

資産をもっと増やしたい、老後をお金の心配なく過ごせるように今から準備したい、そのためには投資が必要だ……おぼろげながらこんなふうに思っている方はとても多いのではないでしょうか。

初心者にとって投資のハードルが意外に高いのは、確かに投資は必要、でも具体的に何に投資すればよいか分からない、という思いからであることが多いです。

そこで、投資初心者にとって実は株式投資が最も向いていると筆者が考える理由をいくつかお伝えしたいと思います。

まず「投資」と聞いてどんなものを思い浮かべますか。いろいろな投資がありますが、メジャーなものといえば、株式投資（これには**投資信託**による投資も含めます）、不動産投資、**ＦＸ**（外国為替証拠金取引）、**暗号資産**（仮想通貨）といったところではないでしょうか。

●**投資信託**　投資家から集めた資金をプロのファンドマネージャーが一定の運用方針で代わりに運用してくれる金融商品のことです。１００円からの少額資金でも購入可能で、プロに運用を任せるため、初心者でも投資しやすいのが魅力です。また、高額な投資金額が必要な株式や債券、個人投資家が独力で買うのが難しい海外の金融商品を対象にしたものなど品ぞろえも豊富です。

●**ＦＸ**　日本円を売って米ドルを買うなど、各国通貨間の交換レートに投資する金融商品です。証拠金として入金した元手の最大25倍まで投資できるので少額投資も可能ですが、当然リスクは高くなります。低金利通貨を売って高金利通貨を買うと、「スワップポイント」という金利収入も得られます。

●暗号資産　暗号技術を使い、ネット上で決済や売買できる通貨のことです。「仮想通貨」とも呼ばれ、ビットコイン、リップルなど様々な種類があります。

不動産投資のネックは？

それぞれの投資には、それぞれに成功している人やプロの人がいます。その人たちに聞けば、自身が手掛けている投資を勧めると思います。筆者の場合は株式投資で成功していますから株式投資を勧めることになりますが、それは決してえこひいきしているわけではなく、株式投資が投資初心者に向いていると本心から思っているからなのです。

例えば、不動産投資の最大のネックは、「かなり大きな資金が必要なこと」「借り入れをしないと資産を大きく増やせないこと」です。

不動産投資で成功している方は、借り入れをして資金調達できることこそが、不動産投資の最大のメリットであると口をそろえて言います。

確かに成功できるような人にとってはそうなのでしょうが、でも借り入れは借り入れです。借りたものは返さなければなりません。

もし物件の目利きがうまくできず、その結果賃料も想定通りに入らず、売ろうとしても買った値段よりかなり安くないと売れない、そのため物件を売却しても借金が残ってしまう……、これが不動産投資で失敗する典型的なパターンです。

筆者も、バブル期に借り入れをして不動産投資をした結果、50億円あった資産が全てなくなり、5億円の借金が残った、というケースを実際に目にしています。

不動産は扱う金額がかなり大きいことと、失敗した場合、多額の借金が残る可能性があるため、一度大きな失敗をすると再起不能になってしまいます。投資初心者がしっかり勉強もせず、いきなり借金をして不動産投資をするのはかなりリスクが高いのではないかと思います。

FX投資は短期売買になりがち

個人投資家の間では、株式への投資ではなくFX投資を始める、という声もよく聞きます。

FX取引は、**レバレッジ**をかけないとほとんど動きがないので、高いレバレッジをかけて運用します。しかしその結果、短期的な為替の変動要因により、大きな損益が一瞬にして生じることも多々あります。

そして為替市場は24時間動いています。日本のマーケットが閉まって日本が夜中の時間であっても、米国のマーケットが開いているため、いつ大きな為替の変動が起きてもおかしくないのです。落ち着いて寝ることもできないからＦＸ取引をやめた、という人も少なくありません。そのためＦＸ投資は、じっくり長期間ポジションを持ち続けるというよりは、**デイトレードやスイングトレード**のように短期間で完結させることが多くなります。特にデイトレードであれば、ポジションを有している間は、基本的に為替の動きを見ている必要があります。

もちろん、ロスカット注文（「ここまで下がったら損失が出ても売る」という損切りの注文）などを事前に入れておけば、四六時中パソコンの前に張りつくことは避けられますが、それでも短期間に取引を完結させることには変わりないですから、結構せわしないと思います。そして株式投資と異なり、ＦＸはどちらかがプラスになれば、もう片方は同じだけマイナスになるというゼロサムゲーム（投資参加者の利益と損失の総和がゼロになること）ですから利益が得にくいです。ちなみに株式投資は企業価値が上昇すれば株価も上がりますからプラスサムです。株式投資の方がＦＸより利益を上げやすいと思います。

●レバレッジ　自らの元手を担保に資金を借りるなどして、元手以上の取引を行うこと。株式投資における信用取引では元手のおよそ3倍、ＦＸでは最大25倍の金額を投資できます。

●デイトレードやスイングトレード　１日の取引時間中（日本の株式市場の場合、午前9時から11時30分までの前場と午後12時30分から15時までの後場）に、何度も短期的な売買を繰り返すのがデイトレードです。数日から数週間程度の値動きを狙って売買する取引は「スイングトレード」と呼ばれます。

暗号資産はファンダメンタルの裏づけに乏しい

過去には一大ブームを起こしたこともある暗号資産。今でも取引を行っている方は数多くいます。

暗号資産は株式に比べると、とにかく値動きが荒いです。しっかりと損切りをしないとあっという間に資産半減、ということもよく起こります。

もう一つ、暗号資産はファンダメンタルの裏づけに乏しいため、今ついている価格が適正値なのか、割高なのか割安なのかが判断できないという難点があります。

株式であれば、業績に応じてあるべき企業価値というのがだいたい計算できますから、今ついている株価が割安か、割高か、という判断は比較的しやすいです。しかし暗号資産は単なる通貨ですから、**ファンダメンタル分析**をして現時点での価値を把握することが困難です。

価格の値動きが極めて大きく、価格が上下どちらに動くかも分からないというのが、投資初心者に暗号資産取引をお勧めしにくい理由です。

●ファンダメンタル分析　投資したいと思っている企業の業績や財務を調べたり、相場全体をとりまく経済情勢などを分析したうえで投資判断を下す手法のこと。純粋に、過去の株価の値動きから現在や未来の値動きの方向性を把握する「テクニカル分析」と双璧をなす株の分析法です。

少額でも可能で長期投資もできる株式投資は始めやすい

最後に、株式投資です。株式は、10万円出せば買える銘柄もたくさんあります。不動産投資のように大きな金額も必要なく、借り入れをする必要もありませんから初心者でも気軽に始めることができます。

また、ＦＸ取引のように短期間で取引をする必要もなく、じっくり何年も持ち続けることもできます。暗号資産と違ってファンダメンタル分析によって企業価値を調べ、株価が割安か割高かを算定することもできます。

不動産投資は値上がり益（キャピタルゲイン）よりも安定的な利回り（インカムゲイン）が得られる、というメリットは確かにあります。でも、無理に借り入れをして不動産投資をするのではなく、上場している**ＲＥＩＴ（リート：不動産投資信託）**に投資すれば、比較的高い利回りで少額でも不動産投資をすることができます。

税金面で考えても、不動産投資や暗号資産は最高税率50％超の総合課税ですが、株式投資やＲＥＩＴは20・315％の**分離課税**ですからメリットが大きいです。

無論、株式投資でなければいけないということは一切ありません。しかし、大きな失敗をする可能性が他の投資より少なく、正しく取り組めば成果が出やすいという点で、やはり筆者としては株式投資をお勧めしたいのです。

●**ＲＥＩＴ（リート：不動産投資信託）**　多くの投資家から集めた資金で、オフィス、商業施設、マンション、物流倉庫などの不動産に投資し、そこから得た賃料収入を投資家に分配する金融商品のことです。中でも「Ｊ-ＲＥＩＴ（ジェイ・リート）」は証券取引所に上場され、株式と同じように売買できます。

●分離課税　他の所得と分けて課税されることです。株式や投資信託の取引で得た値上がり益や配当・分配金収入は分離課税方式で課税されるのが一般的です（配当・分配金収入は総合課税も選べます）。分離課税の場合、その他の所得額に関係なく、投資で得た利益に対して所得税と復興特別所得税（２０３７年末まで）が15・３１５％、住民税が５％、合計20・３１５％の税金がかかります。

株式投資で１億円！「億り人」になれる人・なれない人

最近、様々なところで「1億円」というキーワードを目にします。1億円といえば思いつくのが「億り人（おくびと）」。投資で1億円の資産を築いた人のことをこう呼びます。

皆さんの周りには、億り人はいますか？　自分で言いふらす方は少ないので、本当は周りにいるかもしれません。でも「知らない」「見たことない」という方がほとんどだと思います。

筆者の周りには、億り人が何人もいます。株式投資で1億円を築き上げることは決して不可能ではないということを、まずは知っておいていただきたいと思います。

億り人を目指すために（1）タネ銭を増やす

一つ問題を出します。投資資金10万円の人、100万円の人、1000万円の人がいます。この中で一番「億り人」になる可能性が高いのはどの人でしょうか？

当然、1000万円の人ですよね。1000万円の投資資金が10倍になれば1億円を築けます。一方、100万円の投資資金の人は、100倍にしなければ1億円にはなりません。10万円の投資資金の人が1億円を築くには1000倍にすることが求められます。

しかし、いくら大きな利益が期待できる株式投資だからといって、資金を100倍、1000倍に増やすことは現実的ではありません。

もちろん、1000万円を貯めてから株式投資をしなければならない、ということではありません。10万円でも100万円でも、まずは始めた方がいいです。その後、タネ銭を追加していくことにより、目標により近づいていくようにしましょう。

投資資金100万円なら1億円まで100倍ですが、200万円なら50倍、500万円なら20倍で1億円です。筆者はタネ銭を最終的に1500万円まで入れましたが、こうなると7倍で1億円にできますから、十分射程内に入ります。

タネ銭は多いに越したことはありません。無理のない範囲で、段々とタネ銭を増やしていってください。

億り人を目指すために（2）バブルを徹底活用する

資産を短期間で大きく増やすためには、バブル相場を徹底的に活用することが大いに有効です。

「バブル」と聞くと、何だか危ないイメージを持つ方もいると思います。それはバブルの終盤で高値掴み（たかねづかみ）をして、かつ損切りしないで放置した結果、株価が急落して塩漬けになった方が多くいたからです。

バブル相場のできるだけ初動に乗り、しっかり利益を伸ばし、かつ損切りや売却のタイミングをしっかり把握して売買ルールを守る、ということを徹底すれば、大きく資産を増やすことも十分に可能です。

バブル相場の規模や期間にもよりますが、正しいやり方で取り組めば、１回のバブル相場で資産を2倍、3倍程度に増やすことは難しくありません。

しかし残念ながら、ほとんどの個人投資家はバブル相場を活かすことができず、少しの利益しか得られないか、逆に損失を被ってしまうのです。

バブル相場を活用するための大前提が「正しいやり方」で株式投資をすること。そのためには、今からしっかりと株式投資について学んでおくようにしてください。

億り人を目指すために（3）インカムゲインよりキャピタルゲイン

株式投資で得られる利益には「インカムゲイン」と「キャピタルゲイン」があります。億り人を目指すためには、迷わずキャピタルゲインを狙うようにしましょう。

株式投資でインカムゲインといえば配当金ですが、利回りに換算すると数％程度です。これではなかなか資産を増やすことはできません。インカムゲインによる収入は、すでに大きな資産を有している方には非常に有益ですが、これから資産を増やしたいという方には向いていません。

一方、キャピタルゲインといえば株の値上がり益です。こちらは、銘柄により大きく異なってきますが、２０１2年終わりから始まったアベノミクス相場では、株価が10倍以上に上昇したものも数多くあります。こうした銘柄を選んで投資できれば、大きな資産形成につながります。

億り人を目指すために（4）割安株より成長株

そしてもう一つ、キャピタルゲインを狙う時は**「割安株」**ではなく**「成長株」**を選ぶのがよいでしょう。

アベノミクス相場により株価が10倍以上になったものは、業績の伸びが続いている成長株と呼ばれる銘柄です。

一方、割安株への投資が悪いわけではありませんが、割安株の株価が5倍、10倍になるということはそれほど多くありません。投資資金に制約のある個人投資家としては、資金効率のいい投資先を選ぶべきです。であるなら、割安株よりも株価が大きく上昇する可能性のある成長株へ投資した方がより大きな利益を狙うことができます。

なお、景気とともに株価が大きく上下に変動する**「景気敏感株」**への投資も有用です。景気がどん底にあり、株価が大きく売り込まれている時に景気敏感株を買い、景気が回復して株価が大きく反発したら売る、という方法です。銘柄によっては底値から5倍、10倍と上昇するものも珍しくありませんから、買い時や売り時を誤らなければかなり有効な方法だと思います。

「私には億り人なんて無理!!」と思ってしまったら、そこで終わりです。決して億り人にはなれません。
でも、「頑張ればもしかしたらなれるかも！」と前向きな気持ちでいれば、1億円の財産形成はできなくても、5000万円くらいまでは築き上げることができるかもしれません。初めから「無理」とあきらめるのではなく、ぜひチャレンジしてみてください。その姿勢こそが、株式投資の成功へつながるはずですから。

●**割安株** 企業の業績や企業が保有する純資産に比べて株価が割安と判断される株のことです。

●**成長株** 毎年、売上が増え、それに伴って利益も伸びて企業の規模や業績が拡大している株のこと。

●**景気敏感株** 景気変動の影響を受けやすい業種の株。景気がよくなると株価が上昇し、悪くなると下落する傾向が強く、株価が上がったり下がったり、一定のサイクルで上下動しやすいのが特徴です。

「億」への細道～筆者が株式投資で実践してきたこと

株式投資のみならず、何か新しいことを始めようとする時は、最初の一歩を踏み出す勇気が必要です。そして、株式投資では、この最初の一歩のハードルが結構高いようなのです。せっかく意を決して株式投資の世界に足を踏み入れたわけですから、目標は高く持つべきです。筆者は一つの目標として、「1億円」を設定することをお勧めします。

見出しを「『億』への細道」としたのは、そこに理由があります。確かに細い道ではありますが、そこへ至る道は確かに存在しているのです。

もちろん、株式投資を始めて間もない頃は、この目標は全く非現実的なものに感じるでしょう。しかし、高く目標を持って、それを実現するために勉強し、努力することが株式投資での成功につながることは間違いありません。

そして、株式投資を何年も続け、資産がある程度増えてくると、この目標が決して夢物語ではないことが次第に実感できるようになるはずです。

普通に仕事をしているだけでは1億円を貯めることは容易ではありません。でも、株式投資は、誰もが大きく資産を増やせる可能性を秘めた、非常に素晴らしいツールなのです。

お金の出入りは「一方通行」にする

目標を1億円に設定したところで、次はその目標を実現できる可能性をより高めていくための具体的な仕組みを構築します。

その一つが、証券会社へ入金したお金は、基本的には引き出さないということです。つまり、お金の出入りを銀行から証券会社への「一方通行」とするのです。

株式投資をするにあたり、初めから1000万円といったまとまった資金が必要なわけではありません。筆者もスタート時の資金は30万円でした。10万円でも一向に構いませんが、要はこの小さい資金をいかにして効率的に増やしていくかが重要なのです。

「複利効果」というものは皆さんも聞いたことがあると思います。投資により増えた元本を再度投資に回すことで、より短期間で大きな資金の増加が期待できるというものです。

例えば、100万円を株式投資にあて、1年当たりで資金を10％増加させることができる場合を考えてみましょう。

この場合、1年目の利益は100万円×10％＝10万円です。この利益を毎年引き出していたとすると、20年間トータルの利益は10万円×20年＝200万円です。20年で100万円が300万円になった計算です。

でも、毎年の利益を引き出さずに、再度株式投資にあてると、１００万円を６７２万円以上にまで増やすことができるのです。これが「複利効果」です。

もし、年間の利益が10％でなく15％なら、前者が４００万円となる一方、後者では１６３６万円と、さらにその差が大きくなります。

これに加え、新たにお金ができた時に投資元本を追加していけば、さらに加速度的に資産を増やすことができ、１億円も十分射程圏内になります。

給与収入はそのまま銀行に預けておくよりも、無理のない範囲で証券会社の口座に移し替え、投資元本をできるだけ増やしていくことをお勧めします。複利効果を最大限享受するようにしましょう。

●複利効果　運用で得た利益を再び投資に回すことで、利益自体がさらに利益を生んで、雪だるま式に大きく資産を増やせる効果のこと。

「損切り」の実行で大きく負けないようにする

株式市場はいつも右肩上がりに上昇してくれるわけではありません。相場環境がよければ、よほど売買のタイミングや銘柄選定を誤らない限り、大きく損をすることはありません。でも、ひとたび相場環境が悪化すると、これでもかというほど下落することもあるのが株式市場です。適切な対策を講じなければ、投資資金が半分に減ってしまうことなど、あっという間です。

よって、株式市場が軟調な局面に入った時、投資資金の目減りをできるだけ防ぐことが、株式投資で資産を大きく増やすためには重要です。そのための対策が **「損切り」** です。

株式投資で満足のいく成果を上げられているのは10人に1人ほどといわれています。そして、損切りをしっかりと実行できている個人投資家も、10人に1人ほどしかいないと思われます。損切りを適時適切に実行するだけで、株式投資で勝ち組に入れてしまうと言っても過言ではありません。

でも、買い値より値下がりした株を売却して損失を確定するという行動は、確かに抵抗があるのも事実です。ですから、何度も練習して、ベストのタイミングで損切りができるようにしておきましょう。筆者のように、株価が買い値より下がって損切り価格に達したら、何も考えずにただ淡々と売り注文が発注できるようになれば、しめたものです。

●**損切り**　株を買ったものの、予想に反して株価が下落して損失を抱えた時（まだ保有している株

の損失は「含み損」と呼びます）、たとえ損が出ても保有株を売却して、損失を小さな額におさえること。

成功している投資家を参考に自分なりの投資手法を確立する

最後に、自分自身に合った投資手法を確立することが重要です。つまり、「株価がこうなったらこう行動する」とあらかじめルール化しておくことです。

これをおろそかにして軸がしっかりしないまま株式投資を続けると、マーケットの動きや専門家のコメントに振り回され、結局は大きな失敗をしてしまいます。しっかりとした投資手法を確立できていれば、どんな相場が到来しても適切に対処することができるため、大きな失敗を避けることができます。

具体的にどうすればよいのか分からなければ、「成功している投資家」の投資手法をお手本にしましょう。株式投資に関する書籍はいくらでもありますし、著名な個人投資家のブログ等を読むのも勉強になります。筆者のコラムや書籍等を参考にしていただいても結構です。

なお、いくら「成功している投資家」といっても、自分自身では実行が難しいような投資手法を無理に行おうとしても、うまく行かないことが多いですから注意してください。例えば、筆者は、「投資の神様」といわれる米国の有名投資家**ウォーレン・バフェット**の投資手法を個人投資家が真似することは非常に難しいと考えているため、参考にはしていません。

ところで投資手法、つまりどのような銘柄に投資するか、どのタイミングで売り買いを行うかというのは、実は正解は一つではありません。現に筆者の周りの成功している個人投資家は、投資している銘柄も売買のタイミングもそれぞれバラバラです。

要するに、人によって、自分自身に合った投資手法は異なるということです。ですから、「成功している投資家」の投資手法をそのまま鵜呑みにするのではなく、いろいろと試したうえで、最終的に自分なりの手法を作り上げていってください。

ちなみに筆者は、毎期**増収増益**を続ける好業績銘柄や、業績の急回復が期待できる銘柄、景気やマーケットに連動して業績や株価が変動する銘柄に投資することが多いです。そのうえで、株価のトレンドを重視し、ウォッチしている銘柄が上昇トレンドに転じたら買い、下降トレンドに転じたら売るようにしています。

●ウォーレン・バフェット　株式投資で21兆円以上の資産を築いた米国一の著名投資家で、「投資の神様」とあがめられています。同氏の手法は、株式市場で割安に放置された高収益企業の株を長期保有するスタイル。株式市場全体が大暴落するような非常事態のあと、底値で買うことを好みます。コカ・コーラやアメリカン・エキスプレスなどが有名な投資先です。

●増収増益　企業の売上高が前年度よりも増加し、企業の上げる利益も前年度比で増加すること。企業の利益には、本業での儲けを示す「営業利益」、営業利益に毎年定期的に発生する金利収入や利払いなどの損益を加えた「経常利益」、そこから、その年だけ発生する特別な損益を加減した「税引き前当期純利益」、その利益から納める税金（法人税、住民税、事業税など）を差し引いた最終的な会社の利益「（税引き後）当期純利益」の4つがあります。

「株デビューできない症候群」に効く4つのクスリ

株式投資には興味がある、でも何となく怖い……という方のために、デビューに必要な具体的な4つのステップをご紹介します。

ステップ1・証券会社の口座を作ろう！

株式投資をするのであれば、当然ですが証券会社に口座を作る必要があります。何はともあれ、まずは証券会社に口座を作りましょう。

実は非常に多くの方が、株式投資にせっかく興味を持っているにもかかわらず「証券会社に口座を作る」ことすらできずにいるのです。でもそれでは、永遠に株式投資のデビューができません。

今はネット証券であれば簡単に口座を開設することができます。手数料も無料ですし、それほど時間もかかりませんから、おっくうがらずに、さっそく口座開設画面からスタートしてください。

ステップ2・初心者向けの株式投資の本を読もう！

株式投資を始める時は、右も左も分からない状態だと思います。

そこで、初心者向けの株式投資の本を読んで、基本的な知識や用語を理解しましょう。

大きめの書店に行けば初心者向けの株式投資の本がたくさん並んでいます。その中から分かりやすそうなものを選んで読んでください。

ネット上でも、「初心者向けの株式投資オススメ本5冊」などのように、初心者が読んでおくとよい株式投資の本を紹介してくれているサイトが数多くあります。

そうしたサイトを参考にしてもよいと思います。

ステップ3・実際に売買して慣れておこう！

初心者向けの株式投資の本を読んでも、１００％株式投資のことを理解できるわけではありません。やはり実際に売買を経験してみることが重要です。

そうしないと、もし「投資したい！」と思う企業が見つかっても、注文方法が分からないので、その企業の株を買うことをあきらめてしまうからです。

注文画面には、**銘柄コード**、**「指値（さしね）」**と**「成行（なりゆき）」**のどちらの注文にするか、指値注文の場合は注文価格などを入力する必要があります。

これらの用語の意味や注文の仕方は、初心者向けの株式投資の本に書かれています。それを見ながら実際に売買をしてみてください。

売買の練習をする時は、できるだけ1単位当たりの買いに必要なお金が小さい方が、抵抗感も小さいのでお勧めです。例えば、株価２００円、１００株で1単位の銘柄であれば、

1単位の買いに必要な資金は2万円で済みます。

この株をまず100株買ってみましょう。200円で買えたとしたら、2万円分を買ったことになります。そして、その100株について、今度は売り注文を出してみましょう。すぐ売れれば199円近辺で売れるはずです。

これで、「買う銘柄を選ぶ」→「買い注文を出して買う」→「売り注文を出して売る」という株式投資に必要な一連の流れを経験したことになります。

200円で100株買い、199円で100株売ると、売買での損失額は100円です。これ以外に多少の売買手数料もかかりますが、これは株式の買い方、売り方を実際に体験するための練習代と思ってください。

●**銘柄コード**　株式市場に上場する銘柄は3900社以上あります。株式の取引を円滑にする目的もあって、各銘柄には4桁の番号が割り振られています。それが銘柄コードです。最初の2桁は業種を表すことが多く、1300番台は水産や農業、1500〜1600番台は鉱業、1700〜1900番台は建設、2000番台は食料品、3000番台は繊維や紙パルプ、4000番台は化学や医薬品、5000番台は石油やゴム、ガス、鉄鋼といった資源・素材関連、6000番台は機械・電気機器、7000番台は自動車など輸送用機器や精密機器、8000番台は商社など卸売業や銀

行、証券といった金融、不動産、９０００番台は運輸や情報通信、電気ガス、サービス業の企業に割り振られています。最近はコードが不足してきたこともあって、業種に関係ない番号が振られたり、２０２４年以降の上場銘柄は４桁のコードが数字と英文字の組み合わせとなっていたりします。

●「指値」と「成行」　指値注文は、「この価格まで下がったら買う」「この価格まで上がったら売る」というように価格を指定して注文を出す方法です。指定した価格に達しないと約定（取引成立の意味）しません。一方、成行注文は「いくらでもいいから買う・売る」という注文で、買いならその時、市場に出ている売り注文の価格で即座に約定します。取引がすぐに成立する点が特徴です。

ステップ４・実際に投資する企業を探そう！

実際に売買の仕方が分かれば、その後は投資したい企業を見つけ、少額でよいので実際にその企業の株を買ってみてください。

株式投資を始めたばかりの人が困ってしまうのが、「どの銘柄を選んで投資したらよいのか見当がつかない」ということです。

初めのうちは、ネットの投資情報サイトやマネー雑誌で紹介されている「オススメ株」の中から選んでも致し方ないでしょう。

でも最終的には、投資する銘柄は自分で選ぶようにしてください。銘柄選びを他人に依存すると、なかなか株式投資が上達しません。

投資対象とする銘柄の探し方はいろいろありますが、最初はご自身にとって身近な企業を見つけ、その中から投資対象を探してみてはいかがでしょうか。

それに慣れてきたら、今度は**『会社四季報』**を買って、その中からめぼしい銘柄を選んでみてください。『会社四季報』はまさに個人投資家にとってのバイブルです。手元に1冊準備しておきましょう。もちろん、オンライン版でも構いません。

誰でも最初の一歩は勇気がいるものです。でも、一歩を踏み出せば、そこには素晴らしく楽しい株式投資の世界が皆さんを待っています。

●**『会社四季報』** 東洋経済新報社が発行している上場企業の特色や業績、財務状況、株価の動きなどをまとめた季刊誌（3・6・9・12月刊行）。

第2章

株式投資には
成功しやすい時期がある！

資産最大化のチャンス！　次の「大相場」に乗るための基礎練習

株式投資でベストパフォーマンスを出すためには「日々の練習」が必要です。スポーツの練習に例えて、その方法をお伝えしましょう。

まず一つ言えることとは、スポーツの世界にも株式投資にも「本番」がある、ということです。スポーツの世界では、試合や大会といった「本番」に向けて、選手は日々練習を続けます。それは、本番でベストパフォーマンスを出すためです。

筆者は、このことは株式投資の世界でも同じだと思っています。実は株式投資も「本番」があり、ここでのパフォーマンスが投資成績に大きく左右されるからです。

株式投資の「本番」とは？

株式投資の「本番」とはいつか？　筆者は、ほとんどの銘柄の株価が大きく上昇する、いわゆる「大相場」の時期が株式投資の本番だと思っています。

大相場では、銘柄選択によるパフォーマンスの差は小さいです。その期間に株を保有していることができれば、それだけで大きな利益につながります。

逆に、大相場が崩れて、**二極化相場**や一握りの銘柄しか高値を更新できていない相場だと、銘柄選択を誤ると、全くといってよいほど利益が上がらない、というのが現実です。投資する銘柄を10銘柄ピックアップして実際に投資したところ、そのうちの２つは株価が大きく上昇したものの、残り８つは逆に株価が下落……となれば、トータルでの利益は小さいものになってしまいます。トータルで損失となる可能性もあります。

大相場の時期以外でも、株価が大きく上昇する銘柄は確かに存在します。「それを選ぶことができるように銘柄分析力を高めればよい」という声もありますが、プロの投資家でさえ難しいものを個人投資家ができるようになるとは到底思えません。

株式投資では、利益を上げることが容易な局面とそうでない局面とがあります。そして、利益を上げることが容易な局面でしっかりと利益を出すことこそが、パフォーマンスの向上につながるのです。

●二極化相場　ある銘柄群だけが買われて上昇し、それ以外の銘柄は無視され株価が低迷しているような相場状況のことを意味します。

筆者が25日移動平均線を売買の基準にしている理由は？

筆者は、株価が**25日移動平均線**を超えたらすぐに買い、割り込んだらすぐに売る、という売買手法をずっと繰り返しています。なぜこれを行っているかといえば、「本番」の大相場が到来した時、しっかりと利益を得ることができるようにするためです。

このルールに沿って売買をしていると、「大相場にすんなりと乗ることができる」という大きなメリットがあります。

大相場になれば、株価が25日移動平均線を上回った状態の中、株価が上昇を続けます。そのため、株価がいくら大きく上昇しても、それに乗り続けることができるのです。

実際、筆者も２０１２年11月中旬から２０１３年5月までの間、このルールを貫徹したおかげで多くの利益を得ました。

●**25日移動平均線**　「移動平均線」は株価の値動きを分析するための「テクニカル指標」の一つです。まず、期間を設定し、その期間内の株価の終値を足して期間数で割ることで、その期間中の株価の平均値を計算。その平均値を結んだ線が移動平均線です。移動平均線の傾きで値動きの方向性＝トレンドを判断することができます。株価が移動平均線からどれぐらい離れているか（「かい離」といいます）で、値動きの勢いや過熱感を見ることもできます。また、期間の違う移動平均線の並び

■株価と25日移動平均線の位置関係に注目

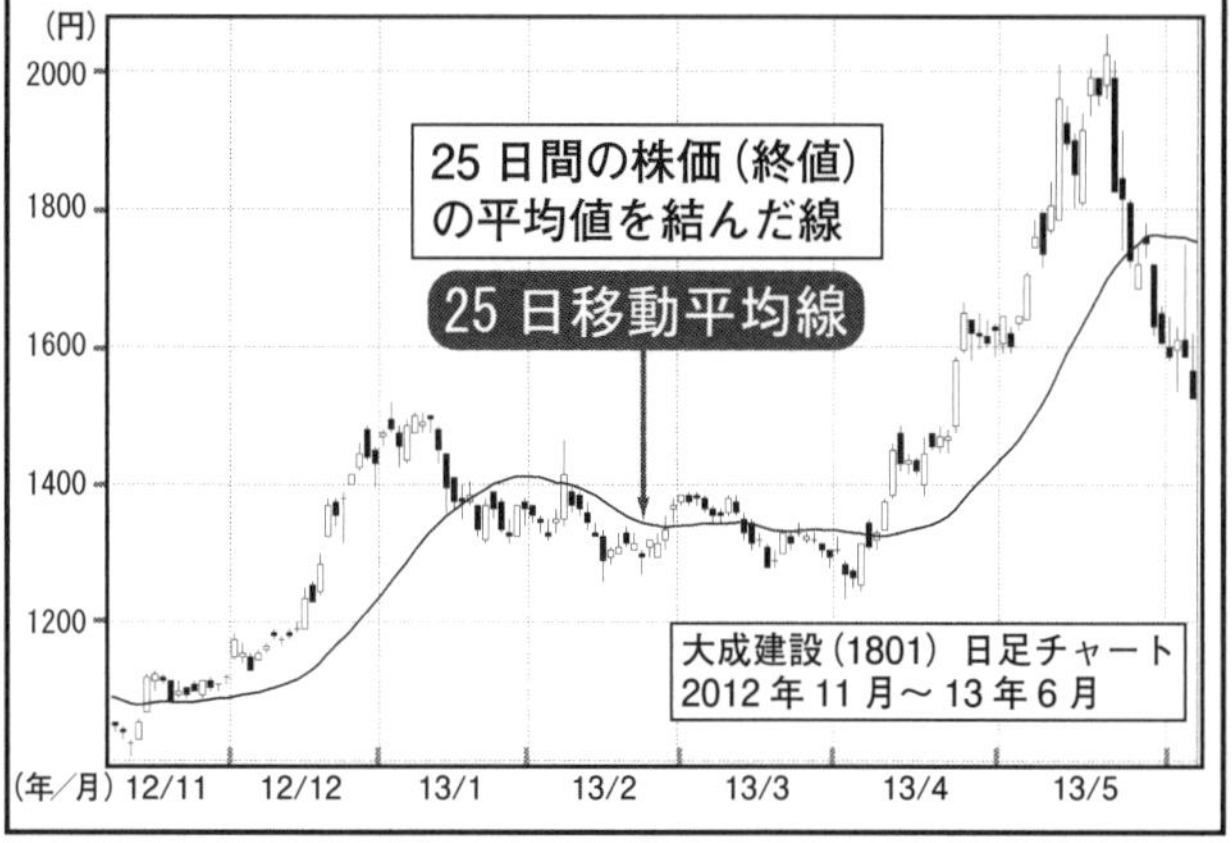

方からトレンドの状況や勢いの変化を判断します。株価が25日移動平均線を上に超えるということは、これまでの25日間の株価の平均値を超えたことで、株価の上昇に勢いが出たシグナルになります。

大相場以外ではこまめに利益確定すればいい？

このようなお話をすると、次のように考える人もいるかもしれません。「今は到底、大相場など来ないだろうから、株価が少し上昇したらしっかり利益確定で売っておくべき。大相場が到来したら売らずに持ち続ければよい」と。

確かに、これができれば誰も苦労しません。でも、大相場というものは、あとにな

■日経平均株価とアベノミクスの大相場

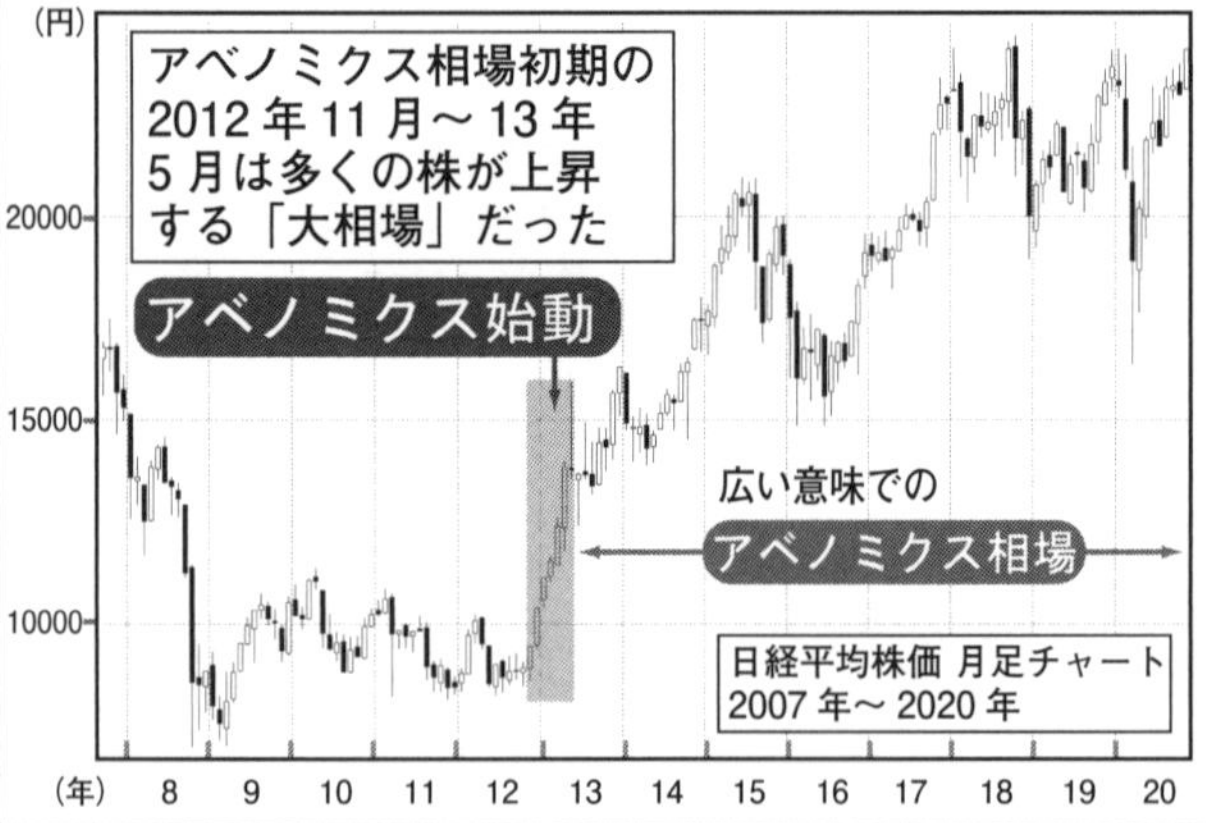

って振り返ってみて、「あの時は大相場だったね」と気づくものなのです。大相場の最中、特に大相場の入口の時点では、大相場かどうかはまず分かりません。

実際、２０１２年11月中旬から２０１３年５月頃までのアベノミクスの大相場の恩恵にあずかれた個人投資家は多くありませんでした。

多くの人は、株価が少し上昇したところで売ってしまい、その後、買い戻す機会もなく、さらなる株価上昇を指をくわえて眺めているだけだったのです。

大相場が到来する前は、確かに株価が大きく伸びることがなかったので、しっかりとこまめに売却して利益確定しておくのがセオリーでした。でも、そうした投資手法を取っていた個人投資家は、大相場が来ても、いつも通り少しの利益で売ってしまったのです。

実際、当時の専門家・評論家のコメントも、上昇スタート時の日経平均株価が９０００円弱だったにもかかわらず、「日経平均株価が1万円を超える水準は明らかに買われ過ぎで近々下落に転じる」という内容のものが多かったと記憶しています。

次の「本番」ではベストパフォーマンスを発揮しよう

大相場は大きな利益を得ることができる絶好の機会ですが、そんなに頻繁に来るものではありません。コロナショックによる急落後の２０２０年4月～10月頃、２０１２年末～２０１３年前半、その前は２００５年にまでさかのぼります。

逆に、この機会を逃してしまうと、他の期間は利益をそれほど上げることができない期間ですから、おのずと株式投資の成績は低迷してしまいます。

事前の練習なしに、大相場で大きな利益を上げることはほぼ不可能だと筆者は考えています。「何となく買い、何となく売る」を繰り返しているようでは、せっかくの機会を逃してしまいます。

だから、売買のルールを決め、それを守ることができるよう、日々の取引で練習しておくことが必要です。

いつものルーティンワークを淡々とこなす、その結果「いつの間にか大相場に自然と乗れている」。これが理想形です。

次の大相場という「本番」で成果を発揮するため、今から売買のルールをしっかりと確立し、それを実行できるように練習しておきましょう。

上昇相場に乗り遅れないためにはどうすればよいか?

上昇相場の初期段階で上昇相場であることを察知し、安値で買っておくことができれば、悩む必要もなくなるわけです。そのためにはどうすればよいか、筆者なりの方法をご紹介します。

上昇相場入りしたとなれば、どこかに何らかのサインが見つかるはずです。日経平均株価やTOPIX（東証株価指数）といった株価指数に底入れの兆し(きざし)が見えたり、**騰落(とうらく)レシオ**が底打ち・反転となったりします。また、小型グロース株が本格的に上昇するような上

■日経平均株価と25日騰落レシオの推移

昇相場であれば、**東証グロース市場250指数**などが底入れします。こうした「上昇の兆し」を見つけるために、まずは定期的に、最低でも週1回は株価指数の株価チャートや騰落レシオをチェックしておく必要があります。

●**騰落レシオ**　株式市場に上場する株の中で、ある期間中に値上がりした銘柄数を値下がりした銘柄数で割ったものです。通常は過去、25日間で上昇した銘柄数の累計を下落した銘柄数の累計で割って、%表示した「25日騰落レシオ」がよく使われます。

●**日本の株式市場の種類**　日本の株式市場には、規模が大きい大企業が上場する東証プライム市場、それに次ぐ規模の企業が上場する東証スタンダード市場の他、まだ規模が小さいものの成長が期待できる東証グロース市場がありますᅟ(その他に札幌、名古屋、福岡にも証券取引所はあります)。

次に上昇相場の「テーマ」を見つけ出す

次に、その上昇相場での「テーマ」をいち早く見つけ出すことが重要です。

一口に上昇相場といってもいろいろあります。２００５年や２０１３年前半のように、ほぼ全ての銘柄が大きく上昇する全面高相場もあれば、２０００年前後のＩＴバブル相場のように、一部のネット関連銘柄だけが大きく買われる半面、内需系中低位株をはじめ安値を更新し続ける銘柄も多く出現する、といった跛行(はこう)色の強い上昇相場もあります。

株価の金額が高い値がさハイテク株が大きく上昇する上昇相場もありますし、中低位株が軒並み何倍にも跳ね上がる上昇相場もあります。特に全面高相場以外の上昇相場では、テーマに合致した銘柄へ投資しないと、一向に利益を上げることができなくなってしまいます。

上昇相場のテーマは、他の銘柄に先行して上昇している銘柄の共通点から導き出すことができます。したがって、どんな銘柄が上昇しているのかをいち早く察知するために、ま

■日経平均株価の過去の上昇相場を振り返る

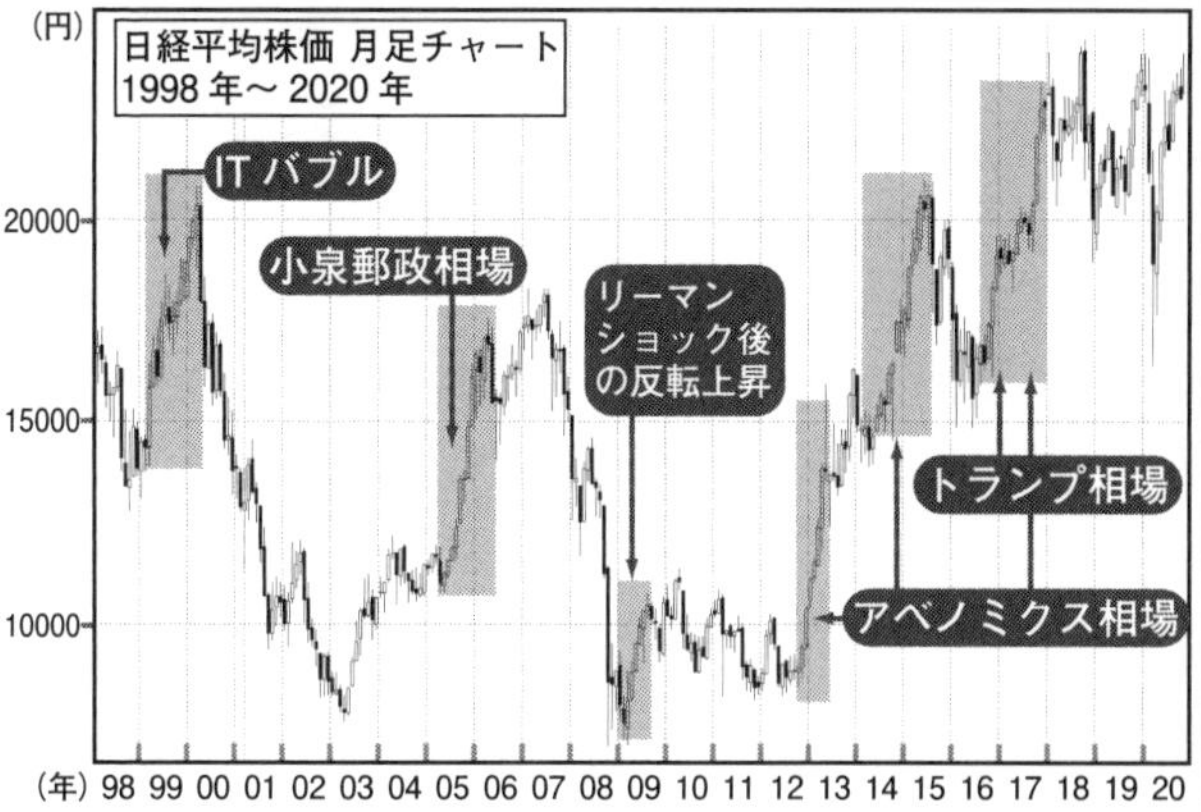

ず上場銘柄を、業種・市場などが偏(かたよ)らないよう100銘柄ほどピックアップしておきます。それらの銘柄を、同じような値動きをしやすい、いくつかのグループにまとめ、株価の動きを定期的に観察しておくのです。

株価が上昇しているグループを探し出す

グルーピングの方法は、業種、上場している市場、過去の株価の動きや高値・安値をつけた時期などをもとに行います。筆者であれば「成長株」「値がさハイテク株」「銀行株を含めた内需大型株」「中低位株」といった具合です。そのうえで、ピックアップした銘柄のうち明確に上昇しているようなものがあれば、他の銘柄の株価もチェックして、全体的に上昇を始めているグループがあるかどうか確認します。そして、そのグループ内でまだ本格的な上昇に至らず出遅れている銘柄を探し、新規買い候補としていきます。必要に応じて、上記でピックアップしている銘柄以外にも、同じグループに分類される出遅れ銘柄がないかどうかチェックします。

なお、ここでの「出遅れ」というのは、あくまでも上昇相場初期段階での出遅れであり、上昇相場がかなり進展したあとの出遅れ銘柄（出遅れている何らかの理由、マイナス要因が隠れている可能性が高い）とは意味合いが異なることを申し添えておきます。

また、日々の**値上がり率や売買代金ランキング**の上位銘柄や、**新高値更新銘柄**のチェックも有効です。本格的な上昇相場となる前に、先行して大きく値上がりする銘柄がいくつかあるものです。これらの銘柄の共通点を分析すると、その後、到来する上昇相場の特徴やテーマを予測するうえでのヒントとなります。

●値上がり率や売買代金ランキング　その日、株価の上昇率が高かった銘柄をランキング形式で並べたものが「値上がり率」ランキングで、ネット証券の情報ページや大手ポータルサイトの株式関連情報欄で見ることができます。また、その日、たくさんの投資家が売買した銘柄を売買代金の総額順に並べたのが「売買代金ランキング」です。売買代金でなく、どれぐらいの株数が取引された

かを多い順に並べた「出来高ランキング」もあります。ともに、市場で多くの投資家が注目し、人気化した銘柄を探すのに便利です。

●新高値更新銘柄　「新高値」とは過去のその銘柄がつけた高値を超える新たな高値のことです。その銘柄が株式市場に上場して以来の高値を超えてつけた価格は「上場来高値」、その年の高値を超えた価格は「年初来高値」、昨年までの高値を抜いた価格の場合は「昨年来高値」といいます。

実行には労力もかかるうえに相応のリスクも

このように、上昇相場の初期段階で買おうとすると、常に株式市場や個別銘柄の動きを追いかける必要があります。実際に実行するのは結構大変かもしれません。

したがって、精度や買いタイミングの面では多少劣るものの、次のようにすれば労力も多少は減らせると思います。

- 観察銘柄を大幅に絞り込む（自分の興味がある銘柄だけにする）
- 観察銘柄の株価チェックの頻度を減らす（例えば毎週末のみとする）
- 株価指数や個別銘柄等の底打ち・上昇の兆しの有無は**日足**（ひあし）**チャート**ではなく**週足**（しゅうあし）**チャート**で観察する（観察が週１回で済む）

さらに、上昇相場の初期段階で買おうとすると、上昇相場ではなく単なる下落途中の一時的な戻りを買ってしまう、というリスクも高くなります。

したがって、上昇初期で買おうとするならば、それが本格的上昇でなく、あや戻し（下落相場が続いたあと、一時的に少し株価が反転上昇すること）によるダマシだったことが判明次第、速やかに損切りすることが非常に重要です。

こうした一時的なあや戻しにできるだけ引っかからないようにするためには、例えば、日経平均株価や個別銘柄の多くが25日移動平均線（日足チャートでの分析の場合）や13週移動平均線（週足チャートでの分析の場合）の上方で恒常的に推移するようになって、上昇相場入りの確度が高まった段階で買い出動するようにします。これなら、株価は底値からある程度上昇してしまってはいるものの、失敗は減らせるのではないかと思います。

●日足チャート、週足チャート　株価の値動きを記録したチャートには1本のローソク足の期間が1日の値動きを示した日足チャートや、1本のローソク足が1週間の動きを示した週足チャート、1カ月の動きを示した月足（つきあし）チャート、1時間の動きを示した1時間足チャートなど、期間設定に応じて呼び名がついています。

上昇相場に乗り遅れたと思ったら？

気がついたら上昇相場が始まっていてすっかり乗り遅れてしまった、というケースは、株式投資をしていれば必ずと言ってよいほど経験するものです。

では、上昇相場に乗り遅れた、と思った場合、どのような投資行動が考えられるでしょうか。大きく分けると以下の４つに分類できます。

（１）上昇中の銘柄に飛び乗る
（２）上昇中の銘柄の押し目買い
（３）出遅れ銘柄を探して本格上昇する前に先回り買い
（４）新規買いはしない

上昇中の銘柄を買うことのメリットとリスクは？

（1）上昇中の銘柄に飛び乗る

これは、上昇相場の中心的存在である「旬」の銘柄の勢いについていこうという戦略です。例えば、グロース市場の銘柄が軒並み大きく上昇しているとき、その筆頭銘柄への買いなどが該当します。

その銘柄の勢いが強ければ、買った途端に含み益が増えていき、短期間で大きな利益を得ることも可能です。

ただし、その飛び乗りが上昇相場の末期であったような場合、高値掴みになってしまう危険があることには注意が必要です。買い値から10％下落したら損切りする、などの対処で塩漬け株を作らないようにすることが重要です。

（2）上昇中の銘柄の押し目買い

これは、売買対象とする銘柄は（1）と同様ですが、上昇途中で飛び乗るのではなく、押し目（上昇途中の一時的な株価調整）を待って、できるだけ安く買おうという戦略です。

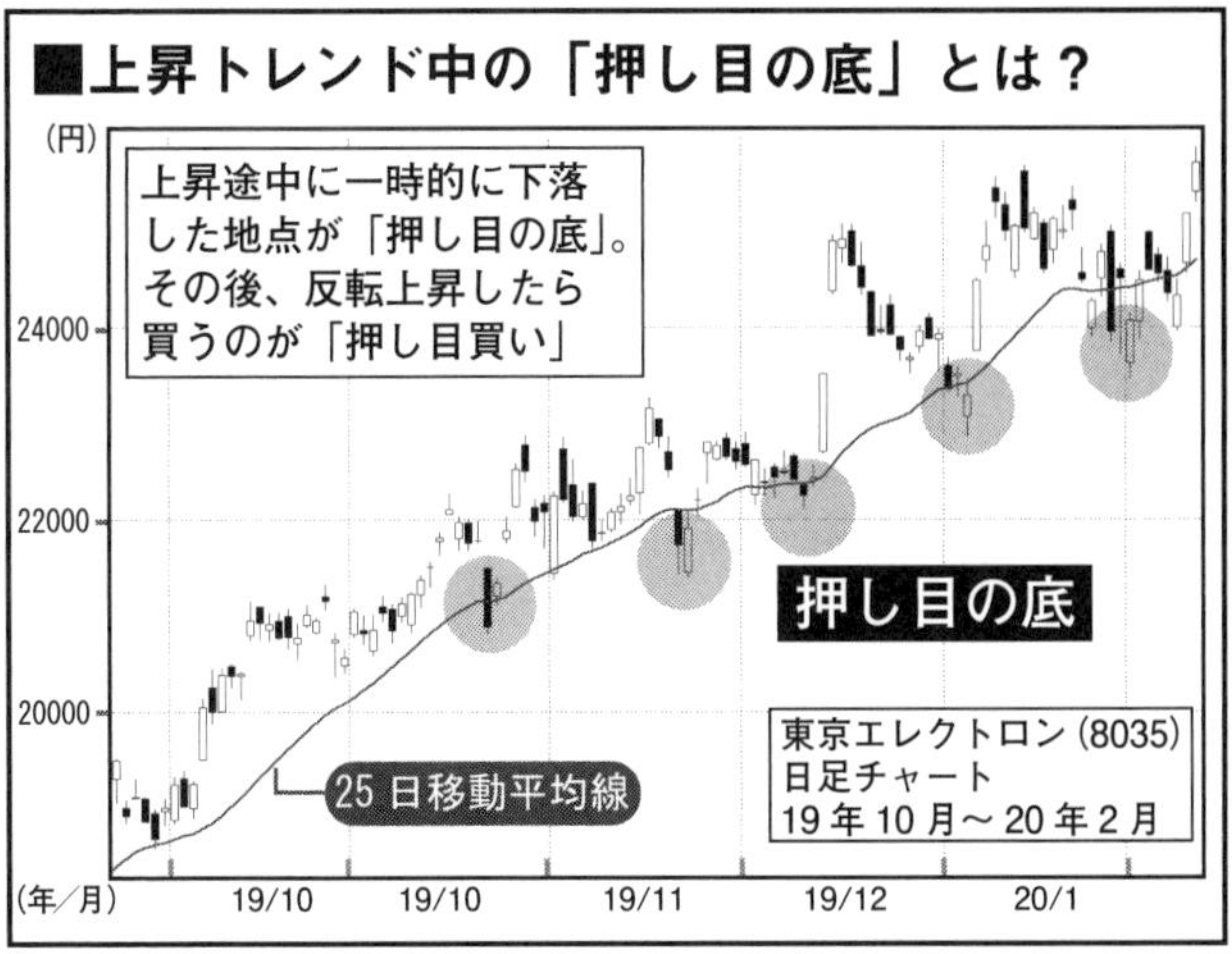

この方法だと、高値掴みのリスクを多少は減らせますし、（1）の方法では損切りの対象になってしまうような大きめの調整があっても、その調整が終わってから買えばよいため、余計な損切りをしなくて済みます。また、直近の**押し目の底**を目安に損切り価格を設定しやすい、というメリットがあります。さらに、押し目の底近くで押し目買いをするわけですから、損切りとなった場合の実現損も比較的小さく抑えられます。

ただ、株価上昇の勢いが強いと、押し目を待ってもいつまでも押し目が来なくて、結局買えずじまい……ということもあり得ます。

●押し目の底　上昇トレンドが続いていた株価が投資家の利益確定などによって一時的に反転下落することを「押し目」といいます。こうした短期的な調整が進み、株価が安値をつけたところが「押し目の底」です。その後、反転上昇したあとに再度下落した場合、押し目の底となった安値を下回ったら下落がさらに加速するかもしれないので、損切り価格の設定ラインとして使えます。

出遅れ銘柄の買いで気をつけるべき点は？

（3）出遅れ銘柄を探して本格上昇する前に先回り買い

すでに大きく上昇してしまった銘柄は高値摑みの可能性もあり、怖くて今からは手を出せない、という投資家も多いはずです。そんな場合、まだあまり上昇しておらず、比較的安く買える銘柄へ投資して、株価の本格上昇を待つ、という戦略が考えられます。

この方法のメリットは、比較的安い株価で買うため、（1）のような高値摑みをする危険性が低い、という点です。

ただし、上昇相場の中身によっては、出遅れ銘柄は全く買われることなく上昇相場が終了してしまう恐れも十分にあり得ます。そのため、業種全体としては上昇しているものの、その業種の中で出遅れている銘柄（例えば業界最大手、２番手銘柄が大きく上昇している業種の３番手、４番手銘柄）を探すのも効果的です。

なお、出遅れている理由がその銘柄独自の悪材料による可能性も考えられます。相場全体が上昇する中、買った出遅れ銘柄は逆に下がるという時は、「全体では上昇相場だから持ち続ければいつかは上昇する」と思うのではなく、損切りだけは確実に行うようにしましょう。

（４）新規買いはしない

年に数回は、株価が調整して安く買える場面が来るものです。高く買って損切りを忘れば、高値摑みや塩漬け株の危険も高まります。上昇相場に出遅れたと思ったら新規買いはあきらめ、次に株価が安くなる局面まで待つ、というのも戦略です。

最も理想的なのは、上昇相場のできるだけ初期の段階で上昇相場であることを察知し、いち早く買いを入れることです。そうすれば、上昇相場に乗り遅れずに済みます。

株高に乗れない投資家。今から買っても大丈夫？

２０２０年3月、新型コロナウイルス感染症の拡大を嫌気して、世界的に株価が暴落しました。しかし、その後、日本株はかなり急速な反発上昇に転じました。

この上昇に乗れた人と乗れなかった人がいるでしょう。両者の違いはどこにあったのでしょうか？

コロナショックで最安値をつけてから3カ月弱で日経平均株価は2万２０００円台を突破し、3月の安値からは30％以上の反発となりました。

マザーズ指数（現：東証グロース市場２５０指数）も驚異的な上昇となり、2カ月余りでおよそ2倍にまで上昇、コロナショック前の水準どころか、２０１９年の高値さえ上回りました。

個別銘柄を見ても、コロナショック前の水準を軽々と超え、上場来高値を更新し続ける銘柄がいくつもありました。

しかし、この株価上昇にうまく乗ることができた人は、少なかったのではないでしょうか。

個人投資家はどのような状況にあるのか

個人投資家の状況を大別すると大きく4つに分類できます。

（1）順調に上昇相場に乗れている
（2）安いところで買えたが、もう売ってしまった
（3）株を買うことができず上昇相場に乗れていない
（4）逆に**空売り**をしていて損失が膨らんでいる

特に（1）と（3）の違いが重要です。なぜ株を買うことができなかったのか、その理由を突き止めなければ今後も同じことの繰り返しになってしまいます。

筆者が個人投資家に話を聞いたところ、再び株価が下落するのが怖くて買えなかった、という意見が圧倒的に多かったです。

つまり、コロナショックによる株価急落後、多少株価が反発したとしても再び株価が下げに転じると思っていたのです。

■2020年3月コロナショック後の株価の推移

●日経平均株価は3カ月で30%以上反発

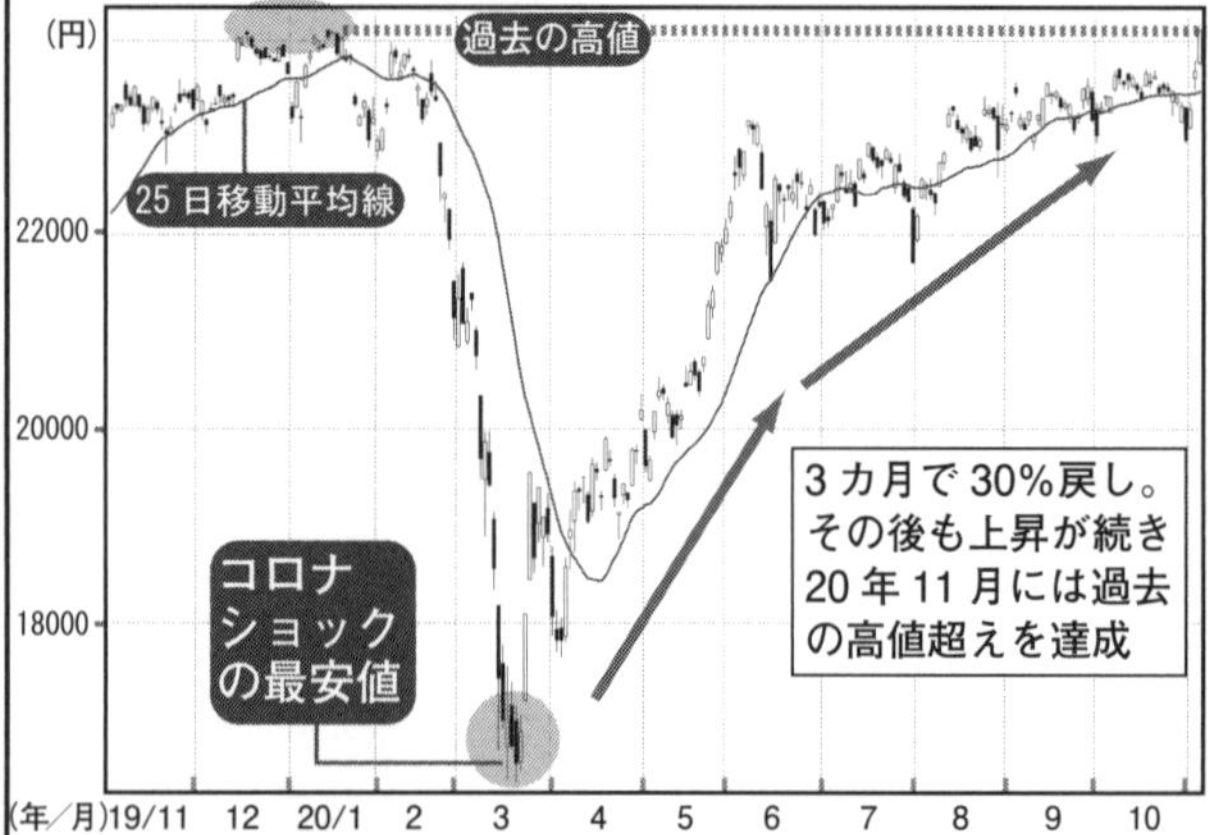

●マザーズ指数は2カ月余りで2倍に上昇

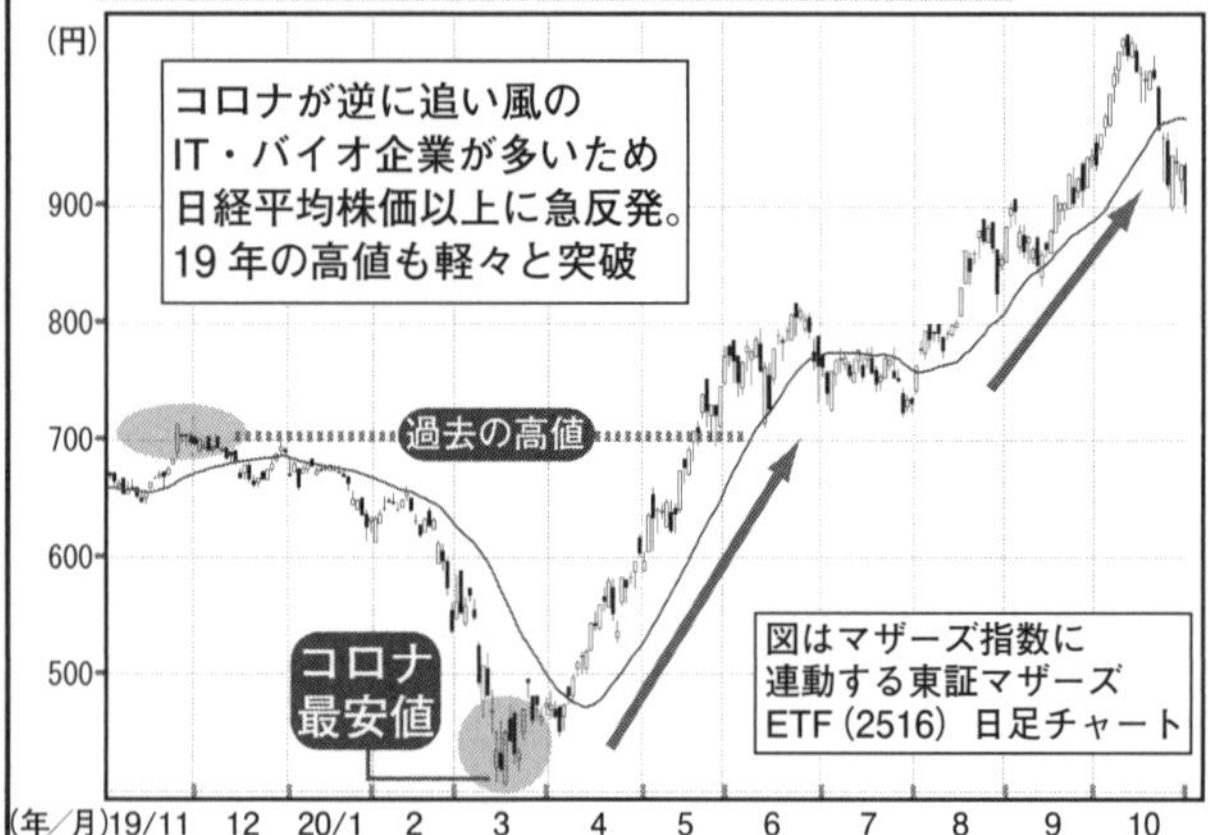

確かにニュースを見れば、「米国では世界恐慌を超える失業者数」「航空会社が相次いで破たん」「飲食店の閉店続出」「新型コロナウイルスの感染第2波は必ず来る」など、足元の景気が最悪で今後の見通しも明るくないと強く感じてしまいます。

そのこと自体は間違っていないのですが、株式投資をするのであれば、足元の実体経済と株価の動きは異なることが多いという点は絶対に理解しておかなければなりません。ここが理解できないと、特にバブルのような大きな上昇相場に乗ることができなくなります。

●**空売り**　株をまず売って値下がりした時、買い戻して利益を得る取引のことです。予想に反して株価が上昇した場合は逆に損失が発生します。証券会社に信用取引口座を開設すると（101ページ以降参照）、空売りの取引を行うことができます。

ポイントは「株価についていく」こと

（３）の株を買うことができず上昇相場に乗れていない人は、実体経済の悪さを見て、株価が大きく上昇することはあり得ない、と思ってしまったため、株を買うことができなかったと思います。

これを避けるには、純粋に「株価の動きについていく」ことが必要です。

確かに、今の実体経済と株価の動きは一致していません。しかし世界各国の**追加的金融緩和**により、バブル相場が生じる素地ができていたのも事実。

となれば、たとえ足元の景気が最悪で今後の見通しも不透明であったとしても、株価が底打ちして上昇を始めたならば、その動きに逆らわずについていくべきです。

確かに筆者も二番底や底割れを強く懸念していましたので、全力でとはいきませんでしたが、コロナショック後の株価上昇にそれなりに乗ることができました。それは、足元の景気が最悪でも株価が上昇トレンドになったら買い、上昇トレンドが続く限り保有する、ということを淡々と実践しているからです。

もし株価の動きに素直に従い、行動できていたならば上記の（1）から（4）のうち、おのずと（1）の順調に上昇相場に乗れていることにつながるはずです。

（2）の安いところで買えたがもう売ってしまったというのは、買うこと自体は成功でしたが、早めに売ってしまったわけですから、上昇トレンドが続く限り持ち続ければ解決できます。（4）の逆に空売りをしていて損失が膨らんでいるのは、株価の動きに完全に逆らっているわけですから、そうした行動を避け、株価の動きに従って動くようにすれば解決できます。

●追加的金融緩和　新型コロナウイルス感染症の蔓延による自国経済の落ち込みを食い止めるべく、世界各国の中央銀行は「政策金利」と呼ばれる短期金利を０％やマイナスにする「ゼロ金利」「マイナス金利」政策を取って、お金を借りやすくしたり、直接、市場で国債などを購入することで、市中に大量の資金を供給する「量的金融緩和策」を進めました。

上昇に乗り遅れたならどう動くべきか？

株価上昇にうまく乗れなかった、という方が最も気になっているのが「今から買っても大丈夫？」という点だと思います。

ここまでの株価上昇をすでに見せているわけですから、いつ上昇が終わってもおかしくありません。

その一方で、２００５年や２０１３年前半に匹敵するような壮大なバブル相場に発展するのであれば、今から買っても報われることになります。

したがって、「いつ上昇が終了するか分からない」「壮大なバブル相場になるかもしれない」という2つを両にらみしたうえでどう動くかを決めるのがよいと思います。

具体的には、出遅れ銘柄や25日移動平均線からのかい離率が小さい銘柄を買うということです。そして25日移動平均線を割り込んだら速やかに売るようにします。

このルールに従い行動すれば、もしここから本格的なバブル相場になったとしても、買った株の株価上昇という恩恵を受けることができます。逆に、株価上昇が終了してしまったとしても、25日移動平均線割れの売却・損切りによりダメージを最小限に防ぐことができます。

上昇相場での利益率を上げよう！　銘柄ごとの株価変動の特徴

一昔前は、上昇相場ではほぼ全ての銘柄の株価が上昇し、逆に下落相場であればほとんどの銘柄の株価は下落する、というのが当たり前でした。

ところが２０２０年、コロナショック後の株価の回復局面では、日経平均株価のような株価指数と個別銘柄との間で、値動きに大きな差がありました。上昇相場での上昇率、下落相場での下落率は、ともに銘柄ごとに大きな差があることも事実ですし、日経平均株価が上昇を続けてもさっぱり上昇しない銘柄も少なくありません。

上昇相場で日経平均株価を大きく超える上昇率が得られるような銘柄選びを行い、限られた資金で、できるだけ高い成果を上げたいと思う個人投資家の方も多いのではないでしょうか。

業界下位銘柄や低位株ほど株価変動が大きい

とするなら、株価変動が大きく、相場上昇時に高い上昇率が期待できる銘柄に投資するのが効果的となります。

一般的に、同業種であれば業界上位銘柄より下位銘柄の方が、株価変動が大きくなります。これは、業界上位銘柄は相対的に業績が安定している一方、業界下位銘柄は業績の変動が激しい傾向にあることが一つの理由ではないかと考えられます。

また、株価水準自体が高い銘柄よりも低い銘柄の方が、株価変動が大きい傾向にあります。株価1万円の値がさ株が10％上昇する間、株価１００円の低位株は50％上昇した、ということはよく起こります。ただし、あまりに株価が低い銘柄は倒産リスクも高まりますから注意しましょう。

さらに、東証プライム市場銘柄よりも東証スタンダード市場、東証グロース市場など企業の規模が小さい銘柄の方が株価変動は大きくなります。２０２０年のコロナショック以降の上昇局面では、旧東証マザーズ市場銘柄に株価２倍、３倍に跳ね上がったものが続出しました。

株価変動の大きい銘柄は上昇率も下落率も高い

株価変動の大きい銘柄を狙って上昇局面での投資効率を高める場合に最も注意しなければならないのは、「株価変動の大きい銘柄は上昇相場での上昇率だけでなく、下落相場での下落率も大きい傾向がある」ということです。

前述のように、業界下位銘柄は業界上位銘柄より業績の変動が激しい傾向にあるため、株価上昇時の上昇率も大きくなる半面、株価下落時の下落率も大きくなります。

同様に、**信用リスク**により敏感に反応することもあって、株価が低い銘柄の方が株価の高い銘柄よりも下落率が大きくなる傾向があり、また東証グロース市場銘柄も東証プライム市場銘柄より下落率が大きくなるのが通常です。

株価急落局面では、東証プライム市場上場銘柄の下落率がせいぜい20~30%であるのに対し、東証グロース市場銘柄の多くは50%以上、下落することもあります。

このように、株価変動の大きい銘柄は、上昇相場をつかむことができれば非常に高い利益率を上げられる可能性がある半面、うまく行かなかった時に速やかに損切りをしなければ、その後の下落で多額の含み損を抱えて身動きが取れなくなってしまう危険性が大いにあります。したがって、損切りの重要性が非常に高いのです。

●信用リスク　株式の発行企業が業績不振や債務超過などによって、借りたお金を返せない債務不履行や資金繰りに困り、破たんに至るリスクのこと。株価の低い銘柄の方が投資家の評価が低く、信用リスクも高いことが多いです。

ベータ値で銘柄ごとの株価変動の特徴を知る

個別銘柄の株価変動の大きさを表すものに**「ベータ値」**というものがあります。

ベータ値とは、株価指数（日経平均株価やＴＯＰＩＸ）の動きに対する個別銘柄ごとの感応度を表すものです。ベータ値が１の銘柄は、指数と同じ動きをする、つまり指数が１％上昇したらその個別銘柄も１％上昇することを示します。ベータ値が３であれば、指数が１％動けば個別銘柄は同じ方向に３％動く、という意味です。ベータ値が高いほど株価の変動が大きい、逆に低いほど株価の変動が小さいといえます。まれにベータ値がマイナスの銘柄がありますが、これは指数とは逆の値動きをすることを表します。

つまり、上昇相場ではベータ値の高い銘柄を選んだ方が、より高い利益率を得られる可能性が高いということです。なお、ベータ値の高い銘柄は下落に転じた時の下落率も大きいので、損切り等のリスク管理はシビアに行う必要があります。

ベータ値はあくまでも過去の値動きから算出したもので、将来の値動きを保証するものではありません。しかしながら、ベータ値を見れば、業種や銘柄ごとの値動きの特徴が明らかになります。その意味で、非常に参考になる情報といえます。

これ以外にも、信用取引を用いて投資効率を高め、利益の極大化を狙う方法もあります。いずれにせよ、株価変動の大きい銘柄を選んで大きな利益を狙うのであれば、投資資金量や損切りといったリスク管理が重要となるのは間違いありません。

●ベータ値　「β値」とも書き、市場全体の値動きに対して、各個別銘柄がどのぐらい同じように動くかという感応度を示した数値です。

日本株は「バブル相場」!?　バブルの判断と銘柄選び

「バブル」かどうかというのは難しい判断が求められます。例えばコロナショック後の2020年夏の日経平均株価は持ち合いの動きが続く一方、個別銘柄の値動きはバラバラでした。局地的なバブルの様相を見せる中、個人投資家はどう立ち回るのがよかったのでしょうか。

２０２０年秋以降、世界中で再び新型コロナウイルスの感染が拡大しましたが、３月のコロナショック以降、株式マーケットはおおむね堅調でした。

日経平均株価は1万6５００円割れの安値から2万3０００円超えまで一気に反発したあと、６月半ば以降、１カ月ほどもみ合いの動きを続けました。

マザーズ指数（現：東証グロース市場２５０指数）に至っては、コロナショック前の水準を超え、２０１９年の高値までも突破したあと、高値圏でのもみ合いを見せました。

ただ、個別銘柄を見ると、新型コロナウイルスが業績に悪影響を及ぼす銘柄を中心に、下降トレンドの弱い値動きが続きました。

コロナショック前の水準どころか上場来高値を更新する銘柄も

一部の銘柄は上昇トレンドを続け、非常に強い値動きとなったものがあります。

その多くは、新型コロナウイルスの影響を受けないか、逆に業績にプラスに作用する成長株、もしくは新型コロナウイルス関連のテーマ株でした。

例えば、次のような銘柄はコロナ禍におけるリモートワークや巣ごもり消費に関連する株としてコロナショック前の水準をはるかに超え、上場来高値を更新するまで上昇していました。

- エムスリー（２４１３）
- 神戸物産（３０３８）
- ＧＭＯグローバルサイン・ホールディングス（３７８８）
- 弁護士ドットコム（６０２７）
- アイ・アールジャパンホールディングス（６０３５）

ＩＴバブル時のような「局地的バブル」の可能性

この動きは、日本株だけではなく、米国株においても顕著です。ナスダック総合指数は1万ポイントを超え、史上最高値を更新しています。それをけん引するのが米国を代表するＩＴ企業4社のグーグル（現アルファベット）、アップル、フェイスブック（現：メタ・プラットフォームズ）、アマゾンの、いわゆる「ＧＡＦＡ」です。特にアマゾン・ドット・コムはコロナショック前の水準をはるかに上回る驚異的な上昇となっています。

バブル相場にもいろいろありますが、大きく分けると「全体的バブル」と「局地的バブル」の２つがあります。

「全体的バブル」とは、ほとんど全ての銘柄の株価が上昇するもので、まさに株さえ持っていれば恩恵を受けることができます。日本では２００５年や２０１３年前半がそれに当てはまります。

もう一つの「局地的バブル」とは、一部の銘柄のみが大きく上昇するものの、それ以外の銘柄は上昇せず、逆に下落してしまうというものです。典型例が２０００年前後のＩＴバブルです。

最近の国内外の株価の動向を見ていると、どうも現状はＩＴバブルのような「局地的バブル」が生じているように感じます。

現に、下降トレンドの弱い銘柄が多数を占める中、先で挙げた銘柄に加え、ＩＴバブル時に大きく上昇した銘柄が、今も強く買われているという事実があるのです。

バブルに乗るか、乗らないかの判断が求められる

私たち個人投資家としては、こうした「局地的バブル」に乗るのか乗らないのかの判断

が常に求められていると思います。上場来高値を更新する強い銘柄に、ある程度乗れていれば、上昇トレンドが続く限り保有を継続して利益を伸ばしていくのが得策です。バブルであるならば、できるだけ長く引っ張ることで大きな利益を得ることができるからです。株価が上昇を続ける強い銘柄に乗ることができていないなら、今から「乗る」「乗らない」の判断が求められます。

強い銘柄はすでにかなり株価が上昇していて、割高なものが多いのが実態です。一方、バブルがまだ継続してさらに株価が大きく上昇する可能性もあります。「乗る」のだとしたら多額の損失を出さないよう徹底したリスク管理が求められ、「乗らない」のなら今後バブルが継続したとしてもあきらめる覚悟が求められます。

できるだけリスクを抑えるための銘柄選びや売買タイミングは

バブルにこれから「乗る」ならば、リスクを抑えるために次のようなことに注意すべきと筆者は考えます。まず、強い銘柄の中には増収増益が続いていて業績の裏づけがあるものもあれば、テーマ株として期待感先行で株価が上昇し、ＰＥＲ（株価収益率）などでは説明のつかない水準にまで達しているものもあります。

そしてバブル崩壊となった時に、より大きく下落するのは後者の方です。したがって、しっかりと業績を把握し、好業績が続いている銘柄から選択するのがよいと思います。

また、例えば３月決算企業であれば、７月以降に４月から６月の業績を集計した第１四半期決算が発表されます。もし好業績期待で株価が上昇していた銘柄が、第１四半期決算の結果が悪かったとなれば、失望売りで株価が急落する可能性もあります。

したがって、決算発表の直前に買うことはかなりリスクが高いと感じます。

あとは、投資可能資金の大部分を使って買うのではなく、例えば、４分の１とか３分の１程度に抑えておけば、もし株価が天井をつけて下落に転じたとしても、致命的なダメージは回避できます。バブル相場は大きな利益と大きな損失が紙一重です。だからこそ、リスク管理と撤退ルールの設定をしっかりと行ったうえで、マーケットに取り組むようにしてください。

第3章

守りながら攻める！
下落相場の戦い方

下落相場を乗り切るためには4つの手法がある

ここまで上昇相場における心構えを見てきましたが、逆に株価の下落が続く下落相場では、具体的にどのように戦えばよいのかを考えてみましょう。

1：空売り

個別銘柄の株価を見ると、銘柄により値動きが大きく異なっていることが分かるはずです。年間を通して上昇した銘柄もあれば、逆にほぼ1年中下落を続けた銘柄もあります。下落相場になれば、株価が下がる銘柄の方が圧倒的に多くなります。株価がさらに下落しやすい下降トレンドの状態にある株を空売りし、値下がりしたら買い戻すことで利益を得ることができます。

筆者は、上昇トレンドの銘柄を買う一方で下降トレンドの銘柄を空売りするという**「ロング・ショート戦略」**を使っています。強い銘柄を買い、弱い銘柄を売ることで、日本株が値上がりしても値下がりしても利益を得られるようにしているのです。

●**ロング・ショート戦略**　上昇傾向にある株を買って、下落傾向にある株を売ったり、ＩＴ関連株を買って運輸関連株を売るなど、単に買うだけでなく、買いと空売りの両方を駆使することで利益を得ようとする株式投資の売買戦略のこと。投資用語で「ロング」は買い、「ショート」は売りを意味します。

2：ベア型のＥＴＦ（上場投資信託）

ベア型のＥＴＦとは、例えば、日経平均株価が値下がりすると逆に価格が上昇するという性質を持ったＥＴＦです。

日経平均株価が下降トレンドであれば、そこからさらに価格が値下がりする可能性が高いといえますので、ベア型のＥＴＦを買うことで利益を狙うのです。

●**ベア型のＥＴＦ**　投資用語で「ベア」は弱気、「ブル」は強気を意味します。株式市場には、全体相場の値動きと同じだけ（もしくは2倍、3倍）、反対方向に動くように設計されたベア型のＥＴＦがあります。「インバース型ＥＴＦ」とも呼ばれる、こうしたＥＴＦを買うと、全体相場が下落している時に逆に値上がりするので、下げ相場で利益を上げることができます。

3：攻守の切り替えができる「ポジション管理」

下落相場では、当然ながら多くの銘柄の株価が下落してしまいます。下落している時に買った株は下落が続いている限り利益を出すこと自体、物理的に不可能です。

そうした時に、「何としても利益を上げたい！」と無理をすると、株価の大きな下落によって逆に致命的な損失を出してしまいかねません。

ですからポジション管理、言い換えれば攻め時と守り時の切り替えがとても重要になります。上昇トレンドにある銘柄が多い時は攻め時、下降トレンドにある銘柄が多い時は守り時です。投資可能な資金を100とすれば、攻め時なら70、80、90……と株式への実際の投資額を多くしていきます。守り時なら30、20、10……と、株式への投資額を減らしてキャッシュを増やす、というイメージです。

4：利益確定のタイミング

下落相場でも、株価が上昇しないわけではありません。しかし上昇相場とは異なり上昇の大きさも小さく、上昇の期間も短くなります。したがって、利益を大きく伸ばそうとするよりも、ある程度株価が上昇したらこまめに売却して利益確定をした方がよい結果を生むことが多いです。

実は筆者は、この4点目の「利益確定のタイミング」についてはあまり実践していません。自分のルール通り、25日移動平均線を割り込んだら保有株は売却、としています。下落相場での多少の損失は覚悟しつつ、上昇相場でできるだけ大きな利益を狙うことを最優先にしているからです。

上昇相場ではこのルールにより実際に大きな利益を得ることが可能です。でも下落相場では、25日移動平均線を割り込むまで保有していると、せっかくの利益がなくなってしまうどころか、損切りとなるケースも少なくないのです。

そもそも下落相場では利益が伸びにくいので、利益を伸ばすよりもこまめに売却することが投資成果の向上につながります。

ベア型ETFの注意点

実は2点目の「ベア型のＥＴＦ」は、それほどお勧めはできません。なぜなら日経平均株価などの株価指数と個別銘柄の値動きは異なることが少なくないからです。

例えば、保有株が値下がりするのをヘッジするために日経平均株価に連動するベア型Ｅ

TFを買ったとしましょう。

最悪のケースは、保有株が値下がりを続けているのになぜか日経平均株価は上昇する、というものです。こうなると、保有株でも損失、ベア型ETFでも損失というダブルパンチとなります。

そこまでにはならなくとも、保有株が大きく値下がりする一方で日経平均株価はあまり値下がりしない、ということになれば、保有株の値下がりの**ヘッジ手段**としてはあまり役に立たなくなります。

もちろん、保有株の値下がりヘッジ目的ではなく、純粋に日経平均株価が値下がりすることで利益を上げることが目的であれば、ベア型ETFへの投資も悪くありません。

あくまでも、個別銘柄を保有しつつ、かつその銘柄の値下がりのヘッジのためにベア型ETFを買うことはお勧めしないということです。

ベア型ETFへ投資するためには当然ながら資金が必要となります。個別銘柄を保有し、さらにベア型ETFを買うとなればより多くの資金を準備しなければなりません。

ですから筆者は、保有している銘柄の株価が値下がりしているにもかかわらず保有を続けるのではなく、下降トレンドになった時点で速やかに売却して現金化することが、損失拡大に対する最大のヘッジだと考えています。

●**ヘッジ手段**　ヘッジとは「回避」を意味し、保有する株式の損失拡大に備えて信用取引や先物・オプション取引などを使って損失回避策を取ること。

筆者も実践！　初心者の下落相場の戦い方とは？

初心者でもできることといえば、「ポジション管理」と「利益確定のタイミング」です。「ポジション管理」は、筆者は投資対象として日々株価をウォッチしている銘柄のうち、どのくらいの割合の銘柄が上昇トレンドにあるか、下降トレンドにあるかにより調整しています。

例えば、ウォッチ銘柄のうち80％が上昇トレンドにあれば投資資金のうち80％を株式へ投資し、上昇トレンド銘柄が10％しかなければ株式投資の比率を10％に抑える、というようにします。これにより、自然と攻めるべき時に攻め、守るべき時に守ることが可能となります。

４点目の早めの利益確定については、例えば、買い値から10％上昇したら売却したり、５日移動平均線を割り込んだら売却、としている人も多いようです。ただし、この方法を取ると、売却したあとにさらに株価が上昇した場合、その上昇を取り逃すことになる点を理解したうえで実行してください。

また、1点目の空売りは初心者の方には抵抗があるかもしれません。でも下落相場で積極的に利益を得るために空売りをマスターしたい、という方はぜひチャレンジしてみてください。

株を買うことで利益を上げるためには、当然株価が上昇していかなければなりません。ですから、下落相場で株を買って利益を上げること自体が非常に困難なのです。

でも空売りができれば、下落相場でも利益を上げることが可能です。空売りができることは、大きな武器を一つ手に入れることになります。「買い」と「空売り」、この2つを駆使して上昇相場でも下落相場でも利益を狙うことができれば、買いだけを行うよりも投資成績を向上させることができます。

お気に入りの会社の株を買い、株価が上がろうが下がろうがそれを持ち続ける……。株価がさらに下落する可能性が高い下落相場では、それは個人投資家が最も陥りやすい失敗です。最もやってはいけない「塩漬け株の発生」に直結するので注意しましょう。損失を減らしつつ、少しでもよいから利益を確保することができるよう、下落相場での戦い方、資産の守り方をぜひ押さえるようにしてください。

怖い？　でも気になる。信用取引を始めてみよう！

下落相場を戦うための有効手段である「空売り」を行うためには、証券会社に現物口座とは別に「信用口座」を開設する必要があります。

ネット証券の普及により個人投資家にとっても身近になってきましたが、まだまだ抵抗感がある方も多いようです。そこで、少し脇道にそれますが、信用取引の魅力と注意点についてお話ししたいと思います。

通常、株式に投資する際には、株を買うためのお金を準備し、そのお金で株を買う、という流れになります。1株1０００円の株を1０００株買うためには、証券会社の口座に1００万円のお金を入れておく必要があります。この取引を「現物取引」といいます。

一方、「信用取引」とは、証券会社から借金をして株を買うことです。例えば、1００万円分の株を買いたいのであれば、1００万円をまるまる持っていなくても、証券会社に保証金30万円を差し入れれば買うことができます（必要な保証金の額は証券会社により異なります）。

なお、信用取引を使えば、株を買うだけでなく、持っていない株を売る（空売り）こともできます。

信用取引を用いる2つの理由とは？

筆者も信用取引を多用していますが、その理由は（1）純粋に利益を求めるため、（2）保有株の株価下落に備えたヘッジをするための2つです。

（1）純粋に利益を求めるとは

例えば、30万円の資金を使って現物取引により30万円分の株を買ったとき、50％値上がりすれば15万円の利益になります。30万円の資金に対する利益率は50％です。

他方、信用取引を用いて30万円の資金で１００万円分の株を買い、その株が50％値上がりすれば利益は50万円となります。元本30万円に対し50万円の利益ですから、利益率は１６６％となります。

信用取引を用いると、およそ3倍のレバレッジをかけることができます。そのため、元本が小さくても大きな利益を狙うことが可能となるのです。

（2）保有株のリスクヘッジとは

この章のテーマである下落相場では信用取引が威力を発揮します。

例えば、保有している株の株価が下降トレンドになり、さらなる下落が懸念されるような場合です。保有株自体を売却してもよいのですが、含み益がたくさんあるので売却すると多額の課税がされてしまう、せっかく安く買ったので、できればそのまま持っておきたいというニーズもあります。

そんな時、持ち株はそのまま保有する一方で、同じ株数の空売りを実行すれば、いわゆる**「両建て」**となり、その後、株価が上昇しても下落しても損益は変動しません。つまり利益確定の取引をせずに、売却したのと同じ効果を得られることになります。

●両建て　ある銘柄を保有しながら、同じ株を同じ株数、空売りすることで、上下どちらに値動きしても損益に変化がないようにすること。単純に保有株を売却するのと損益的には同じ効果ですが、保有株は持ったまま、一時的な下落で損失が膨らむのを防ぐために使われる投資手法の一つです。

信用取引のメリットとリスク

信用取引のメリットといえば、前述した通り、レバレッジを利かせることで、少額の資金で大きな利益を目指すことができるという点です。

相場環境がよければ、1年で資産を3倍、5倍、10倍にすることも夢ではありません。

もう一つのメリットは、空売りができることです。株価は常に上昇するわけではありません。下落することも当然ありますし、マーケットの環境が悪ければ、何年もの間、株価が下げ続けることもあります。

そんな時、株を買って利益を得ようとしても物理的に極めて困難ですが、株を売って安くなったところで買い戻すことで利益を得るのは十分可能です。

この、持っていない株を売って安く買い戻して差額の利益を得ようとすることを「空売り」と呼び、信用取引を用いないと行うことができません。

一方で、信用取引にはリスクがあります。最大のリスクは、レバレッジがかかることにより利益だけではなく損失も増幅してしまうことです。

先の例で、30万円の資金で30万円の株を買い、それが30%下落したとします。すると30万円×30%＝9万円の損失となり、これは投資資金30万円のうちの30%にあたります。

もし信用取引を使って30万円の資金で１００万円分の株を買い、その株が30％下落したらどうなるでしょうか？

損失は１００万円×30％＝30万円です。資金は30万円しか持っていませんから、買った株の株価が30％下落すると、投資資金の全額を失ってしまうことになります。

信用取引でこれだけは注意すべき点とは？

このように、信用取引でレバレッジをかけた取引をすると、うまく行った場合は大きな利益を得られますが、想定と逆方向に株価が動いた場合、大きな損失を被ることになります。場合によっては投資資金の全額、最悪の場合はそれでもカバーできず、証券会社に対して借金が残ることもあります。

そうならないようにするためには、「レバレッジをかけ過ぎないこと」「損切りをしっかりと実行すること」の2点が重要です。

レバレッジをかけ過ぎなければ、もし株価が下がったとしてもダメージは小さくなります。また、先のケースでは30％の株価下落で投資資金がゼロになってしまいましたが、10％の株価下落で損切りをしていたら、投資資金の目減りは33％にとどまります。

最悪の事態を避けるためには適切なタイミングでの損切りが絶対に必要になります。「私は損切りに自信がない……」という方は、信用取引は控えた方がよいでしょう。

下落相場で「順張り」と「逆張り」、どちらが有利か?

株式を買うタイミングとして大きく「順張り」と「逆張り」の2種類に分類する方法があります。

「順張り」とは、株価が上昇している(上昇トレンドにある)最中に新規に買うことをいいます。「逆張り」とは、株価が下落している(下降トレンドにある)最中に新規に買うことです。

順張りと逆張り、どちらを選ぶべきかは、昔から議論の尽きないテーマです。筆者の今までの経験では、逆張りより順張りの方が安全です。上昇トレンドにある銘柄を買った方がよい成果が出ています。逆張りはナンピン買いの結果、塩漬け株を保有することにつながり、個人投資家が株式投資で失敗する典型的なパターンに陥る危険性が大いにあります。

逆張りは、株価が下げている途中に「そろそろ下げ止まるだろう」とか、「さすがに売られ過ぎだ」と感じて新規買いの行動に出るわけですから、個人的な感覚が買いのタイミングに非常に大きな影響を与えます。

問題なのは、この個人的な感覚が本当に正しいものなのか？　という点です。

インターネットの普及その他で格段に情報量が増えたとはいえ、個人投資家が得られる情報の「正確性」や「鮮度」は、プロの投資家にまだまだ劣ります。そのため限られた情報をもとにして「売られ過ぎ」と感じても、それが全くの見当違いである場合は決して珍しくありません。

ナンピン買いや塩漬け株につながりやすい「逆張り」

また、逆張りで買ったあとに株価がさらに下落した場合、売られ過ぎと思って買ったのにさらに株価が下がるのですから、自然と「ナンピン買い」につながります。

しかし、バブル崩壊、ＩＴバブル崩壊、新興市場バブル崩壊と、過去の日本株の動きを見ると、「さすがに売られ過ぎ」と誰もが思う水準からさらに5分の１、10分の１へと売りたたかれることも少なくありません。

株価が下落途中の銘柄に逆張りやナンピン買いを繰り返して最終的に利益を上げるには、

どこまで株価が下げてもナンピン買いを繰り返し、その後の小さな株価上昇で損益をプラスに持っていけるだけのばく大な資金が必要です。個人投資家ではたちまち資金がパンクして塩漬け株のオンパレードになりかねません。

損切り価格を設定して逆張りで買う方法もあります。そうすれば大負けは防げます。しかし、株価が下がり切る前に逆張りをスタートさせると、たとえ損切りが実行できても、「新規買い→損切り→再び新規買い→再び損切り……」というように、損切りの悪循環によって損失が積み上がってしまいます。

現実問題として、逆張りで新規買いするより、株価の下げ止まりを待ってから順張りで新規買いした方が結果的に安く買えることが非常に多いのです。

底値買いや押し目買いも「順張り」を心がけよう

もちろん、株式投資は安く買って高く売るのがセオリーです。しかし、いくら底値買いや押し目買いを狙うとしても、株価の下落途中で買うのは危険です。どこまで下がるのか、誰にも分からないからです。

したがって、例えば、底値買いであれば、大きな下落のあとで長い**下ヒゲ**をつけた直後や、下落したあと、５％程度上昇したところで買い、底割れすれば損切りするようにします。押し目買いであれば、押し目形成中は手を出さず、押し目底と思われる安値から３～５％程度反発したところで買い、押し目底と思われる安値を割り込んだら損切りするようにします。底値買いや押し目買いであっても、あくまでも「順張り」を心がけるようにすべきです。

もちろん順張りで買った場合も、株価が短期間で安値から5倍、10倍に上昇したあとの天井近辺や、急上昇後の長い上ヒゲ出現直後など、買い時としてふさわしくないタイミングで買えば、適切に損切りをしないと大失敗する可能性は同様にあります。

少なくとも株価の下落途中では買わない、株価が上昇トレンドの途中でも大きく上昇してしまったものは買わない、天井形成が疑われる株価チャートが出現したら買わない、もし、これらの状況で買うとしても損切りをしっかりと実行して、大失敗の可能性を軽減するようにしてください。

●**下ヒゲ**　株価の値動きは通常、「ローソク足チャート」というグラフで見ます。ローソク足は期間中の始値と終値がローソク実体の上辺・下辺となり、期間中の高値と安値がその実体から突き出したヒゲと呼ばれる線で示されます。「長い下ヒゲ」は株価が安値をつけたものの、その安値から

大きく反転上昇して、期間中の取引を終えたことを示します。よって、株価が下げ止まる前兆と見なすことができるのです。

コロナショックで筆者はどう動いたか、投資術を振り返る

筆者は個人投資家として、株式投資に関する情報発信を積極的に行っているので、個人投資家の動向に関心があります。

そこから分かったことは、２０１２年末以降の長期上昇相場、いわゆるアベノミクス相場がスタートしてから株式投資を始めた方で、かつかなりの運用成績を残している人たちが、２０２０年2~3月に市場を席巻（せっけん）したコロナ大暴落で犯したつまずきです。投資レベルでいうと中級者になります。

彼らの特徴は、株価が値下がりした時に買い向かう「逆張り」でした。上昇相場では、一時的な値下がりのタイミングで株を買えば、安く買え、その後の株価上昇で大きな利益につながります。これが逆張りです。

では、過去の彼らの行動を見ていきましょう。２０２０年の初め、いきなり株価が大き

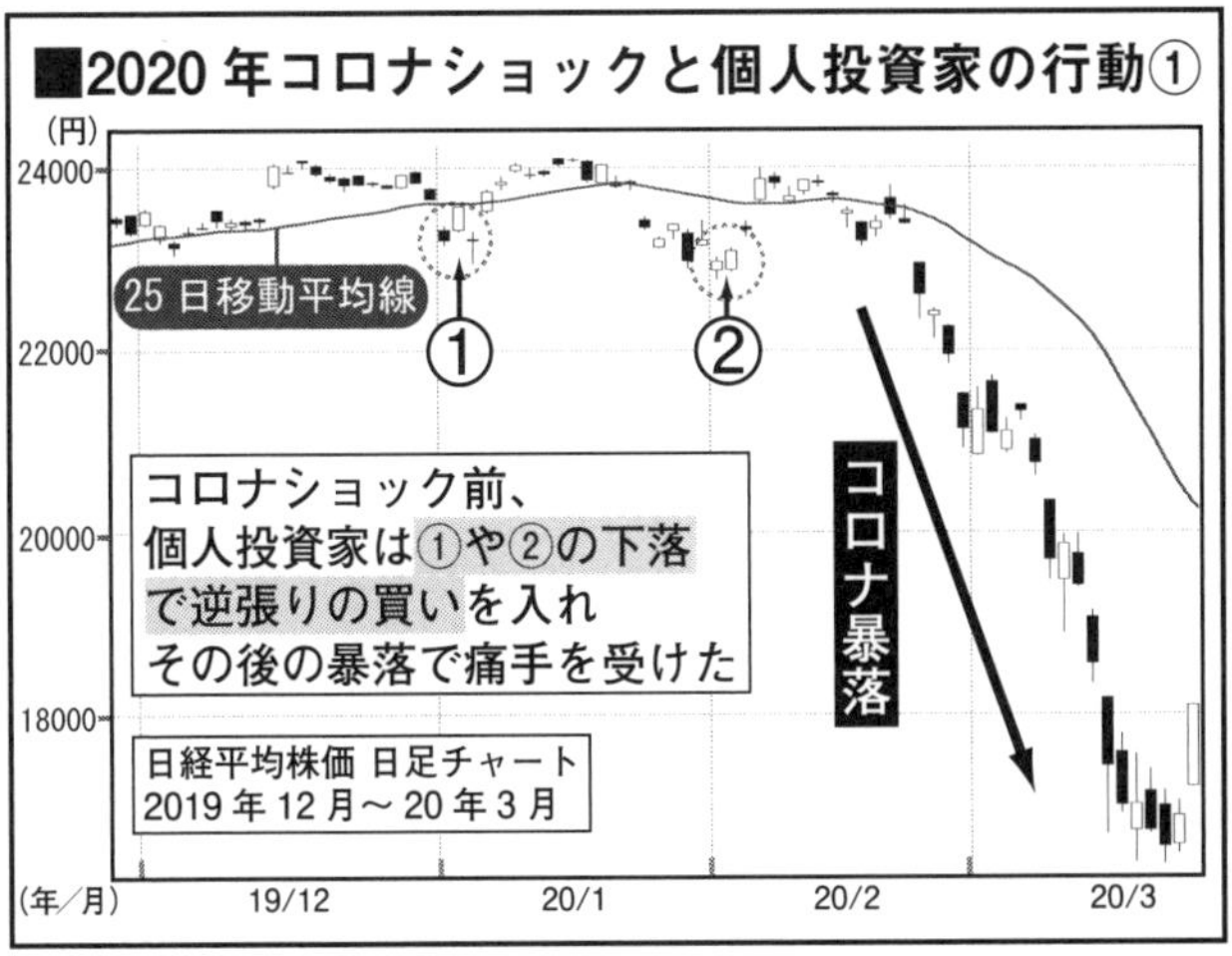

く下落した時がありました。

上の図に示した日経平均株価のチャートの①の箇所です。

この時、彼らは「絶好の買い時」ととらえ、実際に逆張りで買い向かいました。

そして、２０２０年１月下旬に日本国内でも新型コロナウイルスの感染者が確認されるなど、影響拡大が懸念される中、過去のＳＡＲＳ（重症急性呼吸器症候群）やＭＥＲＳ（中東呼吸器症候群）の事例を持ち出し、「今回の新型コロナウイルスの影響もそれほど大きくならない。だとすればここは絶好の買い場だ！」として、２月３日の②の時期にまた逆張りで買い向かったのです。

■2020年コロナショックと個人投資家の行動②

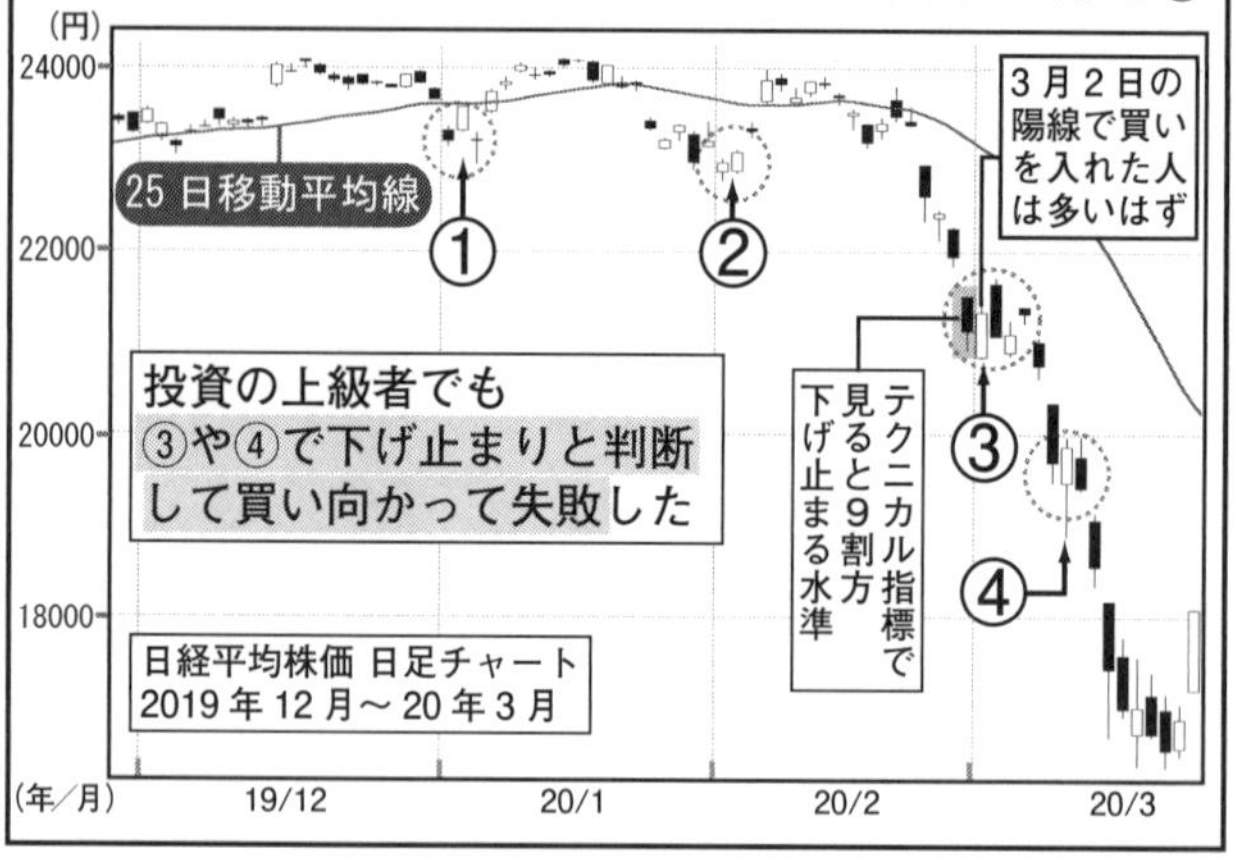

ところが、①や②で買っても一向に下げ止まらず、結局はその時に買った株が多額の含み損を抱えた塩漬け株となり、多くの投資家が苦しみを味わいました。

一部の上級者もやられた「罠（わな）」

そして、その後は上級者の一部も大きく失敗することとなります。

まず大きく下落した③の2020年3月2日（上図参照）。前営業日の2月28日時点で、各種テクニカル指標から見て9割方は下げ止まる、という水準でした。その状況から、3月2日の朝方、安く寄り付いた（株に値段がついて取引が開始した）ところを彼らは積極果敢に買い向かったのです。

その結果、確かに2日の朝方が最安値でしたから非常によいところで買えた……と思いきや、翌３日の寄り付きですぐ頭打ちとなり、株価は明確な反発をしませんでした。

そうこうしているうちに、６日には2日の安値を割り込み、３月９日に株価は急落。この時、信用評価損益率や日経平均株価の25日移動平均線からのマイナスかい離率、25日騰落レシオなどから、「10年に一度レベルの下げでもさすがに下げ止まる水準」と彼らは判断しました。

そこで翌10日、彼らは最後の勝負をかけ、全力で買い向かいました。株価チャートの④の位置です。しかし株価は10日に確かに反発したもののその力は弱く、３月12日にはあっさり安値割れ、そして13日の歴史的な急落につながっていきました。

結局は、今回の株価下落は、９割方は下げ止まると思われる水準で止まらず、10年に一度レベルの下落で下げ止まる水準でも止まらず、リーマンショックに準ずるクラスの下落になったわけです。

もちろん、これを事前に知ることはできません。知ることができないからこそ、このように大きな失敗につながる行動をしてしまった個人投資家が数多くいたということです。

■2020年コロナショックと個人投資家の行動③

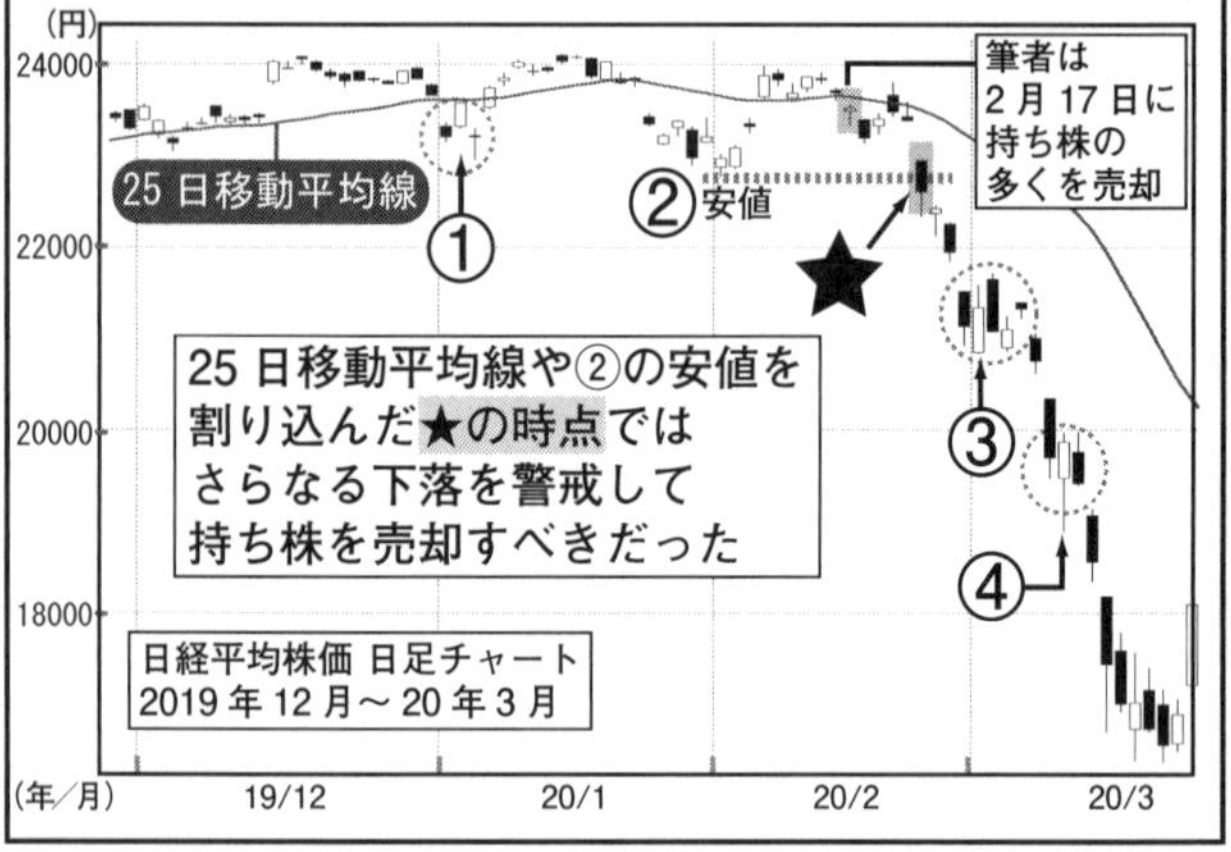

無傷の筆者の対応策

筆者はこのコロナショックの下落を、ほぼ無傷で乗り越えることができました。

筆者はいつも通り、保有株が25日移動平均線を割り込んだところで売却しました。日経平均株価と個別銘柄の動きは一致しないので完全にはリンクしませんが、2月17日にはかなりの保有株を売却しています（上図参照）。

「公認会計士足立武志ブログ」にて毎営業日掲載している「ＡＤＡ指数」（投資可能資金のうち、どれくらいの割合で実際に株を保有しているかを示す指数です）の、２月17日前後の推移は次の通りです。

・２月12日　51・３％

- ２月13日　49・６％
- ２月14日　31・８％
- ２月17日　６・９％
- ２月18日　５・５％

日経平均のチャートでいえば、25日移動平均線を割り込み、前述の②の安値をも割り込んだ２月25日の★印の箇所では、何としても売却しなければいけません。直近安値割れは、さらなる下落を示唆することがとても多いからです。

そして、25日移動平均線を割り込んだあとは、再度25日移動平均線を超えるまで買わないようにするのです。

こうしてみると、①～④のタイミングで筆者は、今回失敗した個人投資家が取った行動とは全く異なることをしています。それは次の４つのうちどのタイプの行動でしょうか？

次項で詳しく見ていきましょう。

株価下落でも切り抜けるのは誰？　4つの投資タイプ診断

２０２０年2月から3月にかけてのコロナショックのような大暴落の時に、投資家が行いがちな投資行動を４つのタイプに分けてみましょう。

タイプ１：株価下落の初期段階で保有株を売却した
タイプ２：下落が進んだあと、慌てて売った
タイプ３：株価下落を逆に買い向かった
タイプ４：何も動かなかった

では、結果的に、どのタイプが優位だったのでしょうか。皆さんも自分自身がどのタイプに当てはまるか考えてみてください。

４つのタイプの投資行動を筆者なりに分析をしていきます。多少の独断と偏見はあるかもしれませんが、20年以上株式投資を続け、生き残ってきた身としてのコメントですから、

決して間違ったことは言っていないと思います。

以下にそれぞれのタイプごとの行動と、それに対する評価を記していきます。

タイプ1：株価下落の初期段階で保有株を売却した

このタイプは、いわゆる「順張り」の投資家です。株価が下落に転じたら、株を売却して保有しません。筆者も「順張り」を徹底しています。

例えば、筆者の場合は、保有株が25日移動平均線を割り込んだら売却するので、下落の初期段階で売却することが可能です。

この方法は、株価が大きく下落する時に、非常に高い効果を発揮します。実際、筆者も今回の株価下落の前には、かなり大きな買い持ちがありましたが、25日移動平均線を割り込んだ銘柄から順次売却することで、小さな損失で撤退することができています。

結論を先に伝えると、筆者は株価の大きな下落から自分の財産を守るためには、この方法が最も適していると考えています。

タイプ2：下落が進んだあと、慌てて売った

このタイプは、売却のルールを決めていない場合がほとんどです。株価下落の初期段階では、それほど下落が気にならずに我慢できるのですが、株価の下落が大きくなってくると、損失の拡大に耐えることができず、パニックになり「投げ売り」してしまうのです。ただ、株価はこうした慌てて売ってしまうタイプの投資家が我慢できずに投げ売りをしたところで底打ちすることが往々にしてあります。

パニックにならないように、事前に「どうなったら持ち株を売るか」というルールを明確にすることが大切です。そのルールをしっかり守り、売却することで、株価急落局面でも大きな損失を回避することができます。

タイプ3：株価下落を逆に買い向かった

この株価下落局面で株を売らず、逆に買い向かった個人投資家も少なくありません。彼らの投資手法は「逆張り」と呼ばれます。

株価が値下がりしているのを、逆に買い向かうのが逆張りの特徴です。

実はこの逆張り、株価が上昇している局面では威力を発揮します。一時的な株価下落を買い向かうことで安く買うことができるからです。

ところが、株価が天井をつけて下落局面になると、一転して大失敗の原因となります。なぜなら、「一時的な株価下落」と思って買い向かったところ、さらに株価が下落して含み損を抱えてしまうからです。

今回の株価下落で最もダメージを受けたのは、このタイプ３ではないかと思います。特に、「さすがにそろそろ下げ止まる」と信用取引などを使って全力で買い向かったあと、全財産を失った……という事例もあるのではないでしょうか。

逆張りは、上昇トレンドでの成功を、下降トレンドで全て吐き出してしまうリスクがあります。筆者としてはあまりお勧めできません。

タイプ４：何も動かなかった

今回の株価の急落の際、特に何も動かなかった、という方も少なくないと思います。これはさらに２つのタイプに分類されます。

一つは、長期保有（バイ・アンド・ホールド）を決め込んでいて、株価が下がろうが特に何も動かない、とあらかじめ決めている人です（タイプ４‐１）。このやり方は、長期的に株価が大きく上昇する株を持ち続けるのであれば有効ですが、逆に株価が下落してしまう株を持ち続けると、多額の含み損を抱えるリスクがあります。

銘柄選びの巧拙により、将来の結果が大きく異なる点をよく理解し、実行するようにしてください。

ちなみに筆者は、自分で選んだ銘柄が長期的に見て必ず上昇すると自信を持って言えませんので、この方法は取っていません。

もう一つは、あまりに株価下落が急過ぎて、パニックになって何も動けなかったという方です（タイプ４‐２）。

株価が短期間に急落すると、先のタイプ２のようにパニックになって投げ売りをする人と、このタイプ４‐２のようにパニックになって何も動けなくなる人がいます。

どちらもよくないのですが、タイプ２の方が、タイプ４‐２より結果が出せると筆者は考えます。なぜなら、株価の急落で投げ売りしたあと、さらに株価が下落した場合、タイプ２は何とか生き延びられる可能性が高いからです。しかし、タイプ４‐２は、株価がさらに下落してもおそらく持ち続けてしまうので、含み損を抱えた塩漬け株だらけになってしまいます。

したがって、株価急落となってもパニックにならないように、あらかじめどうなったら売るかのルールを決めておくことをお勧めします。

２０２０年2～3月のコロナショックによる株価下落で「失敗した」と感じている方は、ぜひご自身の行動を振り返ってください。そして、今後改善すべき点は改善し、次の株価下落局面では大きな損失を出さないようにしていきたいものです。

第4章

銘柄選びの基本。どんな株を買うべきか？

成長株、割安株、テーマ株？　個人投資家の銘柄選び

株式投資をする際、どの銘柄に投資するのかを決めなければいけません。現在、日本の上場企業は約3900社あり、この中から投資対象とする銘柄を選ぶのは至難の業(わざ)です。そのため、証券会社のセミナーや新聞、雑誌、ネットなどで挙げられる専門家や評論家の「オススメ銘柄」を参考にしている投資家さんも少なくないはず。

ただ、このオススメ銘柄に投資しても、うまく行かないケースも少なくありません。それは、すでに株価が大きく上昇したあとの銘柄だったり、**テーマ株**が多かったりするからかもしれません。

一方、筆者の周りにいる株式投資で成功を収めている個人投資家は、自分自身で投資する銘柄を決めています。ぜひ皆さんにも、自分でどの銘柄に投資するかを決定する力を持ってもらいたいと思います。

●**テーマ株**　その時々に市場が注目しているテーマに関連した株のこと。テーマになるのは、新技術や新サービス、新たな成長分野、最先端の流行などです。例えば、コロナショック以降は、マスクや防護服を製造している会社やリモートワークに関係のある企業の株が上昇しました。

同じ投資資金で、より大きな成果を出すことを重視するなら

筆者は、個別銘柄を大きく３つのカテゴリーに分類して考えています。それは「成長株」「割安株」そして「テーマ株」です。

成長株とは、毎年、売上や利益が伸びていて今後も伸びると見込まれる銘柄のこと。

割安株とは、ＰＥＲ（株価収益率）などの指標から見て実態より株価が割安に放置されている銘柄のこと。

テーマ株とは、特定のテーマ、要素に反応して短期間に株価が大きく動く銘柄のこと。

せっかく株式投資をするのであれば、同じ投資資金でより大きな成果を出すことを重視すべきと思っています。この考え方に従うと、やはり「成長株」が最適な選択肢となります。

例えば、成長株であれば株価が長い目で見て10倍、20倍となることも珍しくありません。

しかし割安株は、２倍、３倍程度なら十分ありますが、10倍超にまで上昇することはなかなか考えづらいでしょう。テーマ株については、後述しますが個人投資家が成果を出すのはかなり困難です。

銘柄選びの方法はシンプルでよい

では、成長株をどのように選んでいけばよいのでしょうか？　筆者は、銘柄選びはシンプルでよいと思っています。

もちろん、個人投資家の中にもプロ並みの分析をして銘柄選びをする方もいますが、そのためにはそれなりの時間や労力、そして知識が要求されます。多くの個人投資家の方は銘柄選びにそこまでのエネルギーを費やすことは難しいのではないでしょうか。

そこで、筆者が行っているのが、単純に業績の推移を見て銘柄を選ぶという方法です。例えば、『会社四季報』などで過去5年間の業績を見て、増収増益が続いており、かつ来期以降の業績も増収増益予想である銘柄を投資候補とします。

この方法であれば、『会社四季報』をパラパラとめくるだけでも、結構な数の投資候補が見つかります。

そして、こうした増収増益銘柄の株価を見ると、その多くが大きく上昇していることに気づくはずです。つまり、増収増益銘柄は株価が大きく上昇しやすいのだから、それを見つければよいのです。

単に増収増益なら何でも買ってよいわけではない

ただ注意したいのは、増収増益の銘柄であれば、やみくもに何でも買ってよい、というわけではないという点です。

例えば、増収増益が続いている銘柄でも、株価が下げ続けて下降トレンドになっているケースも多々あります。この場合、増収増益が今後は続かない、または成長のペースが鈍化しそうという理由で、投資家がその銘柄への買いを見合わせている可能性が高いです。

一方、株価が上昇トレンドになっている銘柄は、増収増益による会社のさらなる成長を見越して投資家が買い上がっている可能性が大いにあります。

したがって、増収増益が続く成長株へ投資する際には、株価チャートを見て株価のトレンドを確認しましょう。そのうえで、下降トレンドであれば買いを見合わせ、上昇トレンドの銘柄のみを買うようにします。

成長株の場合、成長がストップすると株価が大きく下落することが多々あります。高値から10分の1以下というのもまれなケースではありません。したがって、『会社四季報』などでは増収増益になっていても株価が下降トレンドの時は、安易に手を出すと大きな損失につながりかねないので注意が必要です。

テーマ株はできるだけ避けた方が無難

実は個人投資家の多くは、テーマ株に投資しています。でも、株式投資で安定的な成果を上げたいのであれば、テーマ株への投資は避けた方が無難です。

なぜなら、テーマ株のメインプレイヤーはデイトレーダーのような短期売買の投資家や、ヘッジファンドだからです。

ヘッジファンドはいわばプロの投資家ですし、デイトレーダーもセミプロのような実力の持ち主が多いです。また彼らは昼間の取引時間中も常に株価を見ることができます。

こうした短期売買の投資家が主体の株というのは、短期間に株価が大きく変動します。そのため、昼間に株価をチェックできない会社勤めの方がテーマ株に投資すると、「気がついたら株価が大きく下がっていた」ということになりかねないのです。

またテーマ株は、足元の業績の裏づけが薄く、期待感だけで上昇することも少なくありません。この期待感がしぼむと、あっという間に株価は上昇前の水準に戻ってしまいます。

成長株であれば、足元の業績の裏づけがあるため、長期間右肩上がりの上昇を見せることもありますが、テーマ株では右肩上がりの上昇を続けるケースはあまり多くありません。多くは山型のチャートを描き、値下がりしたものを我慢して保有し続けても報われません。

もし、テーマ株への投資で成功しているというのであれば、今後もテーマ株投資を続けても問題ありません。しかし、テーマ株投資でどうしてもうまく行かない、というのであれば、増収増益が続く成長株を投資対象にしてみてはいかがでしょうか。

「割安株投資」VS.「成長株投資」徹底分析（1）

株式投資をする際、当然ながらどの銘柄に投資するかを選ばなければなりません。その際の選定方法として、大きく分けると２つのスタイルがあります。それが「割安株投資」と「成長株投資」です。

割安株投資とは「バリュー投資」ともいわれ、企業価値と株価とを比較して、株価が企業価値よりも割安と判断される銘柄に投資するスタイルです。株価が割安な時に買い、企業価値が正当に評価されて株価が上昇するのをじっと待つ、というイメージです。

一方の成長株投資とは「グロース投資」ともいわれ、企業業績が年々成長を続けているような銘柄へ投資するスタイルです。企業の成長に伴う株価の上昇の恩恵を受けようというものです。

割安株投資の着目点はどこにあるのか

割安株投資で重要なのが、企業の価値と株価との比較です。企業の価値は、フロー（損益計算書）の面とストック（貸借対照表）の面とで測ることができます。フロー面における1株当たりの企業価値は「1株当たり当期純利益」、ストック面における1株当たりの企業価値は「1株当たり純資産」です。

フロー面で企業価値に比べた株価の割安度を測る指標がPER（株価収益率）です。これは、株価が予想1株当たり当期純利益の何倍かを表したもので、一般的にこの数値が低いほど、株価は割安とされます。

ストック面で企業価値と比較した株価の割安度を測るための指標がPBR（株価純資産倍率）です。これは、株価が1株当たり純資産の何倍かを表したもので、PBRが1倍を割り込んで低くなるほど株価が割安とされます。

これ以外に、配当利回りにより、株価の割安度を測ることもあります。配当利回りは「当期予想1株当たり配当金÷株価×100（％）」で求められます。この数値が高いほど株価が割安であるとされます。

成長株投資の着目点は？

一方の成長株投資で重要なのは、企業の「成長」です。成長度合いを見るための重要なポイントが「売上」と「利益」です。売上と利益が増加すればするほど、高成長であると判断されます。

理想は、売上高と営業利益、経常利益、当期純利益の全てが毎年増加を続けていて、来期以降も増加予想となっている銘柄です。

アベノミクス相場で株価が5倍、10倍になっている銘柄が続出していますが、その多くが毎年増収増益を達成している成長株です。

なお、時折見受けられるのが、売上高は横ばいであるものの、利益は毎年増加を続けているというケースです。しかし、こうした銘柄は成長株投資の際はできるだけ避けるべきです。

売上高は利益の源泉です。売上高が増えないのに利益だけ増やすことにはどうしても限界があります。売上高が増えなければ近い将来利益も頭打ちになってしまうはずです。そうなれば株価も大きく下落してしまうでしょう。

成長株投資であれば、売上高・利益とも増加している「増収増益」の銘柄を選択するのが基本です。

ハイリスク・ハイリターンなのはどちら?

割安株投資と成長株投資を比べると、割安株投資の方が成長株投資よりもリスクは小さいですがリターンも小さいという傾向にあります。

これは、株価は長期的にはおおむね企業の業績に連動するため、業績が毎年伸び続けている成長株の方が、株価が大きく上昇することを期待できるからです。

半面、ひとたび成長が鈍化すると株価が大きく下落するため、天井付近で投資した場合、適切な損切りなどを行わないと大きな損失を被る可能性が高い点に注意が必要です。そのため、成長株投資は割安株投資よりもハイリスク・ハイリターンであるといえます。

一方、割安株投資は、すでに株価が企業価値より割安な状態のものを選んで投資しますから、そこからさらに株価が大きく下がるという可能性は小さくなります。その一方、増収増益が続くわけではないので、企業価値が正当に評価されなければ、いつまでたっても株価が上昇しないということも少なくありません。

時には「成長株かつ割安株」が見つかることも

割安株投資はＰＥＲやＰＢＲ、配当利回り、対する成長株投資は増収増益が続いているかどうか、というように、両者は着目するポイントが大きく違います。そのため、基本的には成長株投資目線と割安株投資目線とで、選択される銘柄は異なってきます。

ただ、成長株投資目線でも割安株投資目線でも同じ銘柄がピックアップされることが時々あります。つまり、「高成長」かつ「割安」な銘柄です。これは、マーケット自体が大きく売られている時や、長期的な下降トレンドにある時に起きる現象です。

例えば、毎年30％の増収増益にもかかわらずＰＥＲ７倍という銘柄が放置されていたりします。増益率30％であれば、ＰＥＲが30倍でもおかしくありません。もし、この時点で買って、３年後、ＰＥＲ30倍という正当な評価がなされれば、株価は約10倍にまで上昇する計算です（増益率30％が３年続くと利益は約２・２倍に。その利益の30倍まで買われると、３年前にＰＥＲ７倍の水準にとどまっていた株価は、「利益２・２倍×［30÷７］」で約９・４倍になります）。

現に、アベノミクス相場が始まる前はこのような銘柄がゴロゴロしていて、アベノミクス相場によってこうした銘柄の株価が正当に評価されるようになった結果、株価が５倍、

10倍にまで上昇した銘柄が続出したのです。

このような、割安株かつ成長株は、ローリスクでハイリターンが見込めるお宝銘柄となり得ます。こうした銘柄を見つけたら、10%、20%の利益で満足することなく5倍、10倍を狙っていきたいものです。

「割安株投資」VS.「成長株投資」徹底分析（2）

株式市場全体の値動きを示す日経平均株価が大きく下落している中でも、個別銘柄に目を向けると、年初来高値を更新している銘柄も数多く見受けられます。一方で、日経平均株価以上に株価が下落を続けている銘柄も少なくありません。

この違いはいったいどこにあるのでしょうか。一言で言えば「業績」です。つまり、増収増益が続いている高成長銘柄は株価が上値追いを続けている一方、業績が悪化している銘柄については、ＰＥＲやＰＢＲ、配当利回りといった指標から見て「割安」であるにもかかわらず、株価は下がり続けることが多いのです。

いくら低ＰＥＲでも好業績でないと買われない

実は、今の日本株には、「割安株」がゴロゴロしています。例えば、ＰＥＲなら10倍程度の銘柄はいくらでも探すことができます。しかも、それなりに利益を上げ、配当金もしっかり出しているにもかかわらずです。

でも悲しいことに、ＰＥＲが10倍以下であっても、一向に株価が上昇しないものも少なくありません。

私が日々ウォッチしている約５００銘柄の中にも、しっかり利益を上げているにもかかわらずＰＥＲが10倍以下の水準で放置されているものがいくつもあります。そこで、これらの銘柄の特徴を分析してみました。

するとそれらの銘柄の多くは、当期の業績が減益であったり、利益の伸びがほとんど止まっていたり、来期の業績が減益予想でした。

筆者の経験上、増益率ゼロ（つまりゼロ成長）の銘柄のＰＥＲの妥当水準は10倍です。ですから、足元でしっかりと利益を上げていたとしても、来期以降減益の予想であれば、ＰＥＲが10倍を下回っていても決しておかしくありません。

もし割安株目線で投資対象を見つけるなら、単にＰＥＲが低いだけでなく、来期以降の業績予想が増収増益となっている銘柄を探す必要があります。

割安株目線では永遠に成長株は買えない？

上場来高値を更新して、青天井の上昇が続いているような銘柄の共通点は、ＰＥＲの水準が高いことです。

これらの銘柄に共通するのは将来の高成長期待です。将来急速に業績が伸びることが期待されているため、足元のＰＥＲが高かろうが算出不可能であろうが関係ありません。つまり、株価は数年後の業績を織り込みに行っているのです。

例えばレーザーテック（６９２０）という銘柄があります。先端半導体向けマスク欠陥検査装置を手掛けるこの会社はここ数年、成長株として大きな注目を浴びてきました。ＡＩ向け半導体需要の高まりが期待される中、株価は上昇を続けています。

そのため、この銘柄は単純にＰＥＲの数値だけで見ると割高となっています。２０２４年4月時点でのＰＥＲは76倍にも達していて、これまでも高ＰＥＲで推移していますが、月足チャートを見ると、株価が大きく上昇していることが分かります。つまり、ＰＥＲが高い状態がずっと続きながらも、株価はここ10年余りで３００倍以上にまで上昇したので

■PERが割高でも株価が上がる具体例

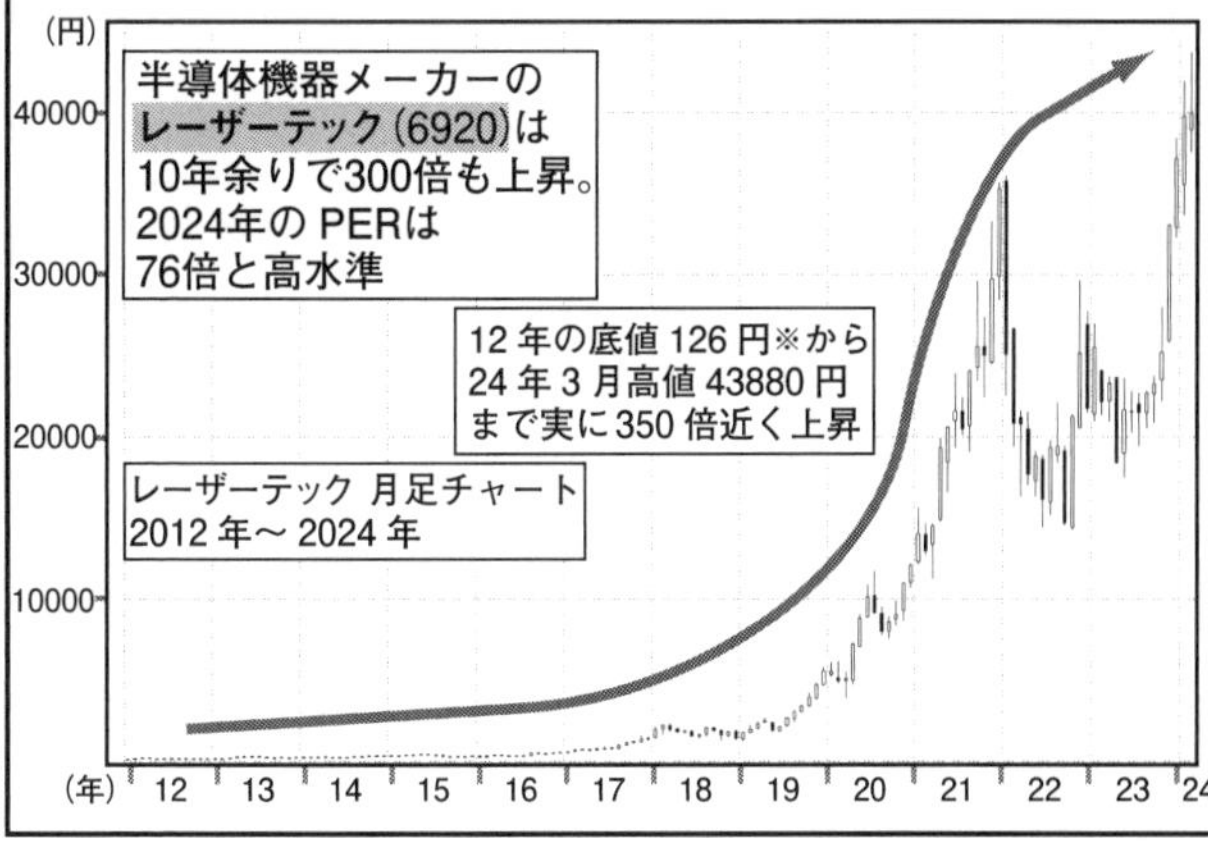
(円)
40000
30000
20000
10000
半導体機器メーカーの
レーザーテック(6920)は
10年余りで300倍も上昇。
2024年のPERは
76倍と高水準
12年の底値126円※から
24年3月高値43880円
まで実に350倍近く上昇
レーザーテック 月足チャート
2012年～2024年
(年) 12 13 14 15 16 17 18 19 20 21 22 23 24

※株価は株式分割を考慮した価格です

す。

　もし、ＰＥＲが低い銘柄から投資対象を選んでいると、いつまでたってもこのような株価の大きな上昇が期待できる成長株に投資することができません。

　割安株投資で成果を上げている個人投資家の方であればよいですが、どうも自分の選んだ割安株の株価が全く上がらないとお困りの方は、成長株目線での銘柄選びも考えてみてはいかがでしょうか。

あまり機能していない低ＰＢＲ投資

　もう一つ、最近の傾向から筆者が思うことがあります。それは、ＰＢＲを用いた銘柄選択は、あまり機能していないという点です。

PBRで銘柄選びをする際、PBRが1倍を下回っている銘柄、例えば0・5倍とか0・6倍の銘柄から投資対象を選択します。

以前は、筆者もPBRが0・5倍以下で、かつ利益もしっかりと上げていて配当金も出している銘柄へ投資し、その後の株価上昇の恩恵を受けたこともありました。

しかし、今はPBRがどんなに低くても、それだけではなかなか株価は上昇しません。ポイントは、低PER株と同様に、業績が伸びているかどうかです。

ですから、増収増益かつPBRが1倍を大きく割り込んでいる銘柄があれば、十分に投資対象になるはずです。

ただし、増収増益が続いている銘柄というのは、まずPBRが1倍を大きく上回っています。増収増益かつ低PBRの銘柄を探すのはなかなか困難だと思います。

また、2023年3月、東京証券取引所はプライム市場及びスタンダード市場の全上場会社を対象に、「資本コストや株価を意識した経営の実現に向けた対応」の要請を実施しました。

特にPBR1倍割れの企業についてはそれを解消するための対応を求められているよう

に読み取れることから、ＰＢＲ１倍割れの銘柄に人気が集まりました。

しかし自社株買いや増配といった対応策により一時的に株価が上昇したとしても、業績そのものの向上がなければ一過性のものに終わる可能性も高く、事実、２０２４年４月時点でもＰＢＲ１倍割れの銘柄は１６００銘柄を超えています。

こうしたことから、筆者としては低ＰＢＲ銘柄への投資はあまり重要視していません。

結論・大きな利益を狙うなら成長株投資

以上のことから、マーケット環境にもよりますが、筆者は成長株を中心に投資しています。

ただし、成長株投資はリスクも高い点にはくれぐれも注意してください。例えば、決算発表時の来期業績予想で増収増益がストップしたり、増収増益には変わりないものの増益率が下がったりしてしまうという発表がされると、成長の鈍化が嫌気（先行きを悲観）されて株価が大きく売られてしまうことがあります。

成長株の最大のリスクは、成長が鈍化したと市場参加者が判断した時、株価についていた高成長というプレミアムが剝(は)がれ落ち、株価が大きく下落してしまうことです。

したがって、これから成長株に新規投資するのであれば、決算発表後の株価の乱高下が収まったあとにするのがよいのではないかと個人的には感じます。

また、増収増益基調にもかかわらずＰＥＲがそれほど高くない（10～15倍程度）銘柄もあります。決算前であれば業績の悪化が懸念されて低ＰＥＲにとどまっている危険性もありますが、好決算を発表したにもかかわらず低ＰＥＲが解消されないのであれば、新規投資を検討する価値はあると思います。

「成長株」と「割安株」の両立。お宝銘柄の探し方と注意点

最近、あまりにＰＥＲが高い成長株は敬遠される傾向にあります。確かに成長性が高ければＰＥＲ１００倍超でもおかしくありませんが、それは順調に成長が続くという前提のため、リスクが相当あります。

中には、将来の成長性は確かにあるものの、「さすがにＰＥＲ50倍、１００倍まで買われるのは割高では？」と感じる銘柄も増えてきています。

そんなこともあり、最近は割安株に注目が集まっていますが、単にＰＥＲが低いだけで

は割安株としては力不足です。将来の企業価値が増加する見通しが高い株でないと、ＰＥＲが低くても株価は上昇しません。

そして、企業価値の増加が高く見込めるのはどういう銘柄かといえば、増収増益が続く銘柄、つまり成長株なのです。

「割安株」であると同時に増収増益が続く「成長株」でもある、そんな銘柄も存在します。

実は売上高も利益も毎年増加している成長株の中には、ＰＥＲが低い銘柄も存在します。中にはＰＥＲが1桁（10倍未満）にもかかわらず増収増益が続いているものもあるのです。

やはり株価のトレンドもしっかり併用すべき

ただ、そうした「低ＰＥＲ」かつ「成長株」である銘柄を見つけても、手放しで喜ぶのは早計です。成長株なのにＰＥＲが低い、何かしらの理由があるはずだからです。

最も多いのが、不動産株や商社株などのように、「たまたま、ここ5年ほどはマーケット環境もよいため増収増益だが、ひとたび不況になれば業績は大きく悪化する」というリスクを織り込んでいるケースです。

リーマンショックの時は、過去最高益をたたき出していた不動産株が、翌年に倒産した、くないのです。

ということもあります。足元では絶好調だとしても、いつ潮目が大きく変わってもおかし

もちろん、そうした懸念は持たれつつも、業績が順調に毎年伸びれば、たとえ低PERの状況が続くとしても株価は上昇していきます。利益が2倍になれば、PERが8倍で変化なしとしても、株価は2倍になる計算です。

ただ、低PERの成長株は、今後の成長が順調に進まない可能性もあると考えている投資家も多いからこそ、低PERにとどまっているとも取れます。

したがって、実践的な方法としては、低PERの成長株を見つけたら飛びつくのではなく、株価のトレンドが上昇トレンドになっていることを確認してから買うべきと思います。

PERが低い分、通常の成長株より高値摑みのリスクを抑えられるのが低PERの成長株。一方で割安に見えるだけで実は割安ではないケースもありますから、株価が下落を続けている局面では手を出さないようにするのが無難です。

テンバガー（10倍株）を見つけよう——基礎知識編

皆さんは、買った株の株価が10倍になったという経験はありますか？　筆者は何度もあります。もし「そんなの無理だ……」と思っている方がいれば、ぜひ考え方を改めてください。株価が10倍になることなど、決して珍しい話ではないからです。

ただし、何も考えずに適当に買って、株価が10倍になるのを待つ、というのはあまりお勧めしません。

テンバガーにまで株価が上昇する3つのパターン

筆者は、株価が10倍、テンバガーにまで上昇するパターンは主に３つであると考えています。

(1)テーマ株相場の流れにより短期間で一気に上昇するケース

これは、２０２０年であれば、新型コロナウイルス感染拡大をきっかけとしてマスク関連、防護服関連、ワクチン開発関連の株が短期間に大きく上昇したケースが該当します。例えば、川本産業（３６０４）は２０１９年８月の３８１円が、２０２０年２月には４０００円となりました。

■テンバガーの具体例(1)・テーマ株相場で急騰

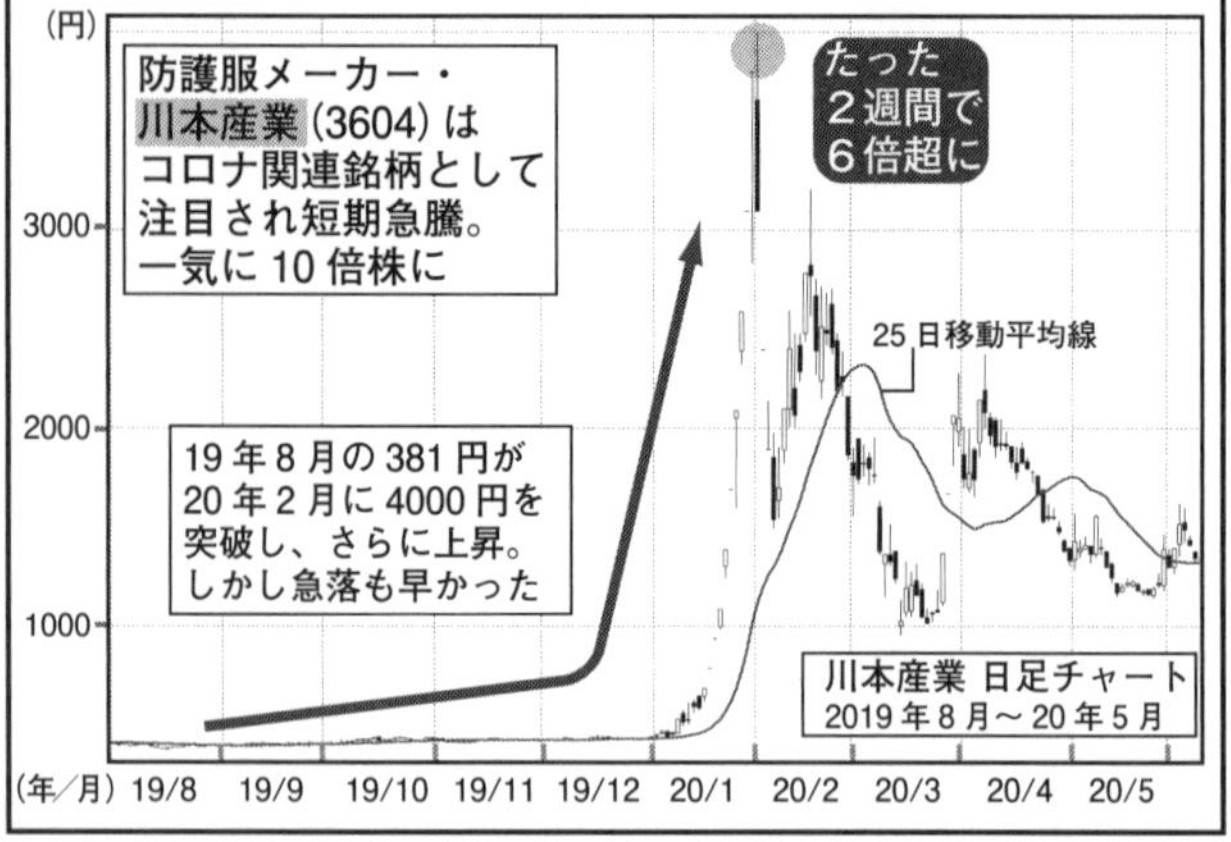
(円)
3000
2000
1000
防護服メーカー・
川本産業(3604)は
コロナ関連銘柄として
注目され短期急騰。
一気に10倍株に
たった
2週間で
6倍超に
25日移動平均線
19年8月の381円が
20年2月に4000円を
突破し、さらに上昇。
しかし急落も早かった
川本産業 日足チャート
2019年8月〜20年5月
(年/月) 19/8 19/9 19/10 19/11 19/12 20/1 20/2 20/3 20/4 20/5

また、アベノミクス相場初期の2013年前半には、バイオ関連株が一斉に大きく上昇し、軒並み株価が10倍以上になりました。例えば、テラ（2191）の株価は2012年6月の275円から2013年5月には4970円まで上昇しました（現在は上場廃止）。

このケースはとにかく株価が上昇するスピードが速いのが特徴です。

(2)大きく売り込まれたものの その後、業績が回復して大きく上昇するケース

これは、景気により業績が大きく変動する業種で、業績がどん底の状態から急速に回復する過程において現れることが多いで

■テンバガーの具体例(2)・どん底からの業績回復

(円)
1500
1000
500
(年／月)
2011/7
12/1
12/7
2013/1
13/7
2014/1
不動産デベロッパー・
サンフロンティア不動産
(8934) は業績回復を
好感されて約2年で
20倍超まで上昇した
11年8月の69円が
13年4月には
1529円まで上昇
13週移動平均線
サンフロンティア不動産
週足チャート
2012年7月～14年2月

す。典型的なのが不動産株です。

例えば、サンフロンティア不動産（８９３４）は、２０１１年８月の69円が２０１３年４月には１５２９円となりました。（１）のテーマ株ほどではありませんが、このパターンも比較的速いスピードで株価が上昇します。

（３）業績の伸びが何年も続いたことにより株価が大きく上昇するケース

これは、企業業績の伸びが何年も続くことにより株価もそれに比例して上昇を続けるケースです。いわゆる「成長株」と呼ばれるものにこのパターンが多いです。ＩＰＯ（新規株式公開）から大きく株価が伸び

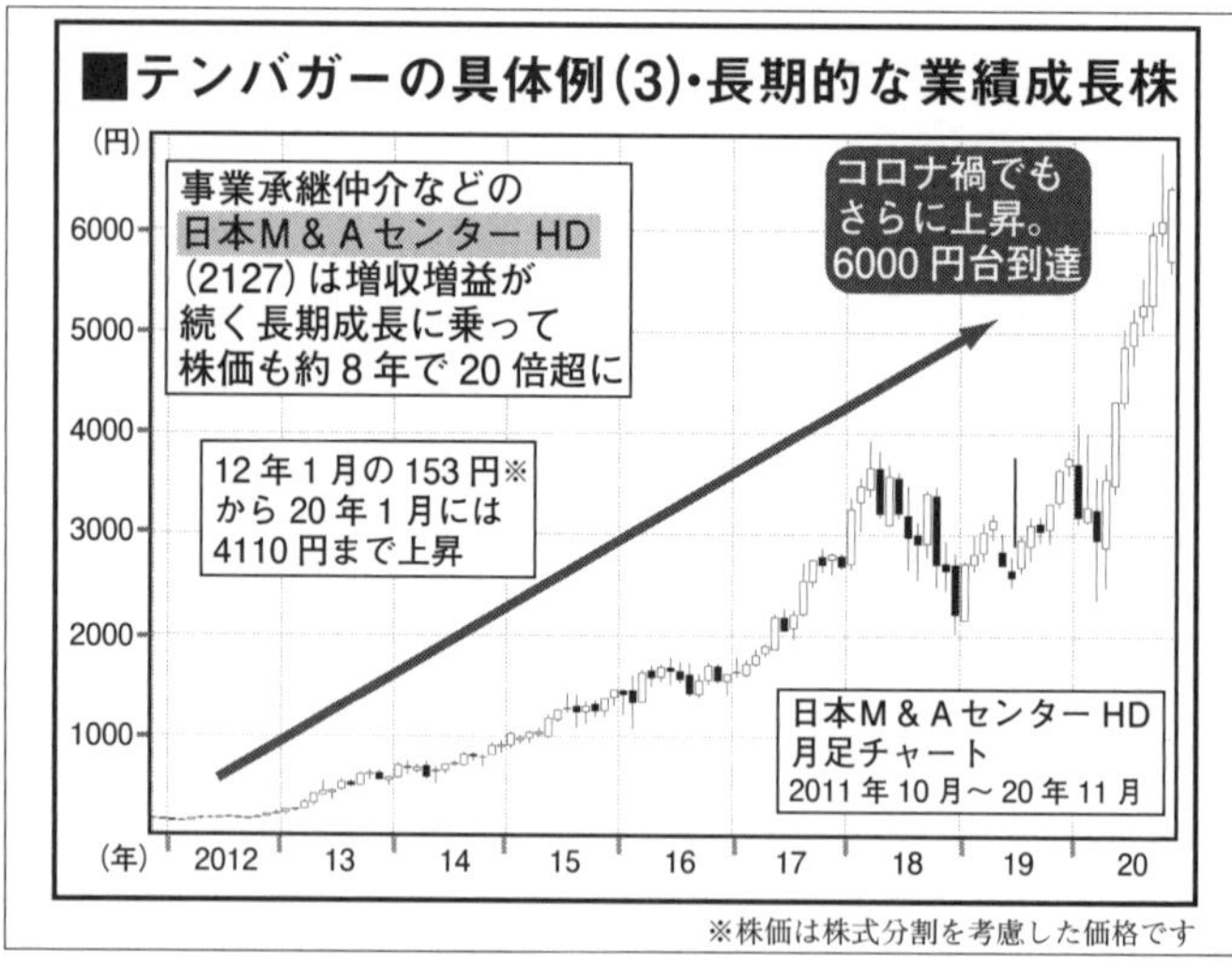
■テンバガーの具体例(3)・長期的な業績成長株
(円)
6000
5000
4000
3000
2000
1000
事業承継仲介などの
日本M＆Aセンター HD
(2127) は増収増益が
続く長期成長に乗って
株価も約8年で20倍超に
コロナ禍でも
さらに上昇。
6000円台到達
12年1月の153円※
から20年1月には
4110円まで上昇
日本M＆Aセンター HD
月足チャート
2011年10月～20年11月
(年) 2012 13 14 15 16 17 18 19 20
※株価は株式分割を考慮した価格です

るケースもこれに該当します。

例えば、日本M&Aセンターホールディングス（２１２７）は２０１２年１月の１５３円（株式分割考慮後の株価）が２０２０年１月には４１１０円になりました。

このケースは株価上昇のスピードは（１）（２）に比べて遅いですが、それでも数年で10倍、というのは珍しくありません。

個人投資家が狙うべきはどのケース？

では、私たち個人投資家としては、（１）～（３）のどれを狙うべきでしょうか？

もしデイトレードや短期売買をしている人であれば、（１）テーマ株相場の流れにより短期間で一気に上昇するケースが最も狙い目です。なぜなら、株価が短期間で大きく上昇するため、上手に立ち回れば効率的に資産を増やすことができるからです。

ただし、短期売買をしない人は、（1）は非常にリスクが高くなります。特に、株価が大きく上昇したところで飛びついて買って保有を続けた結果、首尾よく上昇が続けばよいですが、そうならずに失速して急落してしまうことも頻発する点には要注意です。

時には、朝方**ストップ高**で寄り付いたと思ったら、終値はストップ安で終わり、1日だけで30％、40％も下落してしまうこともあります。

したがって、中長期投資をする人は、（1）は避けて（2）大きく売り込まれたあと、業績が回復して大きく上昇するケースや（3）業績の伸びが何年も続いたことにより株価が大きく上昇するケースを狙うことをお勧めします。

（2）であれば株価が大きく下落し、業績がボトムをつけたあたりで買うことができれば、その後の大きな上昇が期待できます。

また、（3）であればまずは業績が伸びている株を見つけることが近道となります。

●ストップ高　株価が1日の取引時間中に決められた値動き幅の上限まで上昇すること。その価格

――に売り注文より多い買い注文がある限り、取引は停止されます。ストップ高・ストップ安になる値幅は株価100円だと上下50円、1000円だと上下300円など、株価水準によって変わります。

これだけは言いたい！　テンバガーは「狙わない」

テンバガーを何度も経験している筆者から、皆さんにこれだけは言いたい！　ということがあります。それは、テンバガーになる株を「狙わない」ということです。

筆者が今まで経験したテンバガー株は、いずれも「たまたま買った株」です。もちろん、何も考えずにやみくもに買っているわけではなく、将来の株価上昇が期待できると思って買っているわけですが、株価が10倍になると思って買ったわけではありません。

もし、テンバガー株を狙おうとすると、株価が上昇せずに下落したとしても、「この株は業績も絶好調だし株価が大きく上がるに違いない」と無意識のうちに決めつけたりして、必要な損切りを怠り、その結果、大きな含み損を抱えることになりがちです。

あまり気合いを入れたり、力んでもテンバガーは見つかるものではありません。そもそもテンバガーになるのは結果論です。

したがって、筆者であればもしかしたらテンバガーになるかもしれない、という程度の株を複数銘柄（できれば10銘柄以上）投資します。その中で芽が出て大きく伸びるものがあれば、それを大事に育てる、というくらいの気持ちでいた方が、結果としてテンバガーをつかむ可能性は高まると思います。

ぜひ、気負わずにテンバガーに出会えればラッキー、くらいの気楽な気持ちで投資してみてください。意外と大きな成果が出ることが少なくないですよ。

テンバガー（10倍株）を見つけよう――銘柄探し編

株価が10倍に上昇するテンバガー株。やみくもに狙ってもなかなかつかめません。重要なのは「候補の見つけ方」と「地合い」（個別銘柄や相場の状況、環境、値動き）です。

まずテーマ株についてです。テーマ株でのテンバガーは、ほんの数カ月程度で達成することがあるので、もし乗ることができれば非常にラッキーです。ただし、高値摑みを防ぐため、「株価上昇の初動をつかむ」ことと、「損切りを徹底すること」が求められます。

例えば、２０２０年2~3月のコロナショックの際は、「新型コロナウイルスのワクチンを開発しそうなバイオベンチャー」と当たりをつけ、株価が上昇を始めたらすぐに乗る、ということができれば、その後の株価急上昇の恩恵を受けることができました。

しかしながら、すでに株価が短期間で大きく上昇してから買うと、もちろんそこから株価がさらに上昇することもありますが、早晩天井をつけて急落してしまう可能性も高まります。

株価が短期間に急騰した銘柄の全てが、株価5倍、10倍に発展するわけではありません。逆に、テンバガーを達成する銘柄よりはるかに多い数の銘柄が、数日株価が急上昇したあとは天井をつけ、大幅な下げに転じてしまうのです。

もし短期急騰時に飛び乗るのであれば、どうなったら損切り・撤退するかのルールを決め、それを必ず守ることができる人だけ実行するようにしましょう。

業績回復株のテンバガー・過去の株価の動きをチェック

業績回復により株価が大きく上昇する可能性が高い株を見つけるためには、過去の株価の動きをチェックしてください。

例えば、2000年のITバブルから大きく下落したものの、底打ちしたあとは2006年くらいまで大幅に上昇、その後2008年のリーマンショック後に再び大幅下落となったが２０１３年以降は再度大きく上昇……という動きです。

つまり、バブルになれば大きく上昇する一方、バブルが崩壊すれば大きく下落する銘柄を見つけることが有効です。

言い換えれば、国内外の景気等の影響により業績の変動が激しく、株価が大きく上昇したり下落したりを繰り返している銘柄です。

典型例は不動産株です。不動産株の過去の株価チャートを見ていただければ、株価が大きく波打って上下していることが分かります。

それ以外に、鉄鋼や海運、半導体などといった景気敏感株が候補になります。

あとは、業界トップの銘柄より、３番手以降の銘柄の方が、株価の変動が大きくなるためテンバガーになりやすいです。そして、大型株よりも**中小型株**の方が同様に、株価の変動が大きいためテンバガーの可能性が高まります。

●**中小型株**　株式市場に上場する銘柄は企業の規模によって、大型株、中型株、小型株に分類されます。企業の規模を測る指標としては、「株価×発行済株式数」で計算される「時価総額」が使われることが多いです。日本取引所グループでは、時価総額が高く、日々の売買代金も多いＴＯＰＩＸ（東証株価指数）構成銘柄上位１００銘柄を大型株と定義しています。時価総額でいうと、およ

――その1000億～3000億円の株が中型株、1000億円以下の株が小型株といえるでしょう。

好業績が続く株のテンバガー・低PER時が狙い目

好業績が続く株については、PER（株価収益率）が一つのポイントと見ています。例えば、2012年末以降のアベノミクス相場で株価が10倍以上になった好業績株は、すでに2012年以前から業績が年々伸びていて、成長株の要素を満たしていました。しかし、地合いが悪いため、株価が上昇しなかったのです。

実際、2011～2012年頃は、毎年増収増益が続いているのに、PERが5～7倍くらいにしかなっていない成長株が数多くありました。

こうした成長株が、地合いの変化とともに見直されていき、上昇相場になった時に株価が大きく上昇するのです。

例えば、上昇前のPERが6倍で、5年間で業績も3倍となり、かつ上昇相場でPER20倍が許容されるとなれば、5年後の業績で考えれば今の株価でのPER2倍から、PER20倍まで買われる計算です。その結果、株価が10倍となり、テンバガーを達成することになるのです。

実際、２０１３年以降に成長株の多くがテンバガーを達成しましたが、低ＰＥＲで放置されている成長株をあらかじめ見つけておけば、株価上昇の恩恵を受けることができたのです。

どのような地合いでテンバガー株が生まれるか？

過去にテンバガー株が生まれたケースを振り返ると、「株価が大きく下落したあとに上昇がスタートする」という共通の特徴があります。

例えば、２００５年や２０１３年の日本株は、バブル相場をほうふつとさせるほど多くの銘柄の株価が何倍にも上昇しました。では、上昇する前はどうだったかといえば、２００５年は２０００年前後のＩＴバブルが崩壊し、株価が大きく下落、その後も低迷が続いていた時期でした。

２０１３年も同様に、２００８年のリーマンショックにより株価が暴落したあと、さえない動きが続いていました。

考えてみれば当たり前かもしれませんが、株価が10倍になるには、そのスタート地点の発射台が低ければ低いほど、可能性は高まります。

先ほども申し上げた通り、テンバガーは狙って買うものではありません。もし発射台が高く、株価10倍はなかなか期待できないとしても、株価が上昇トレンドを続けている間はしっかりと株を保有して、利益を伸ばしていくべきです。もしかしたら、中にはテンバガーを達成できる株が混ざっているかもしれません。

テンバガー（10倍株）を見つけよう——売るタイミング編

テンバガー株を語るときに、見落とされがちなのは「買ったあと、どうするか?」、つまり買ったあとの売り時について、です。

買った株が首尾よく上昇してテンバガーになることももちろんありますが、そうならないケースの方が圧倒的に多いです。株価は上昇したけれどもせいぜい2倍くらいにしか上昇しない場合や、値下がりを続けてしまうこともあります。

つまり、テンバガー株を考える際には、買ったらその後、売るのか売らないのか、売るとしたらどうやって売るのかについても考えておく必要があるのです。

買ったあとは「持ち続ける」か「途中で売るか」

大きく分けると、買ったあとのアクションとしては「ずっと持ち続ける」と「途中で売却する（その後の買い直しも含めて）」のいずれか。

もし買ったあと、株価が値上がりを続けているようであれば、そのまま持ち続けてもよいと思います。

しかし、意に反して株価が買い値を下回って値下がりするような場合は、事前に決めた損切りルールに従って、損切りを実行するべきでしょう。

株価10倍になるまで粘って持ち続けた結果、逆に株価が下落を続け、損失が拡大するようでは元も子もありません。

「この株は株価10倍になる！」と思っても、値下がりしたら損失が小さいうちにいったん売却し、次の買い時を待ったり他の銘柄にシフトしたりするなど仕切り直しをした方がよいと思います。

買ったあとに株価が上昇したらどうするか？

次に、首尾よく買ったあとに株価が上昇したら具体的にどうするかをあらかじめ考えておく必要があります。

なぜなら、テンバガー候補株を買っても、実際にテンバガーにならないケースの方が圧倒的に多いからです。

中には、2~3倍くらいまでは上昇するものの、そこから失速して、しまいには買い値すら割り込んでしまうこともあります。筆者もそのようなケースを何度も目にしています。

したがって、筆者であれば、株価上昇にはとことんついていくものの、下落の兆候が見えたらいったん降りる……この繰り返しでテンバガーを目指します。

具体的には、25日移動平均線を割り込んだら、いったん売却ないしはヘッジの空売りを入れ、再度25日移動平均線を超えたら買い直します。これを繰り返すことにより、天井までついていくことができますし、もしも低い天井で頭打ちになったとしても、大きな損失を避けられるのです。

買い値を上回る限り保有継続という方法はどうか?

もう一つの考え方として、買い値を上回っている限り、つまり含み益である限りは保有を続ける、という方法もあります。この方法を取れば、利益の多寡はともかく、少なくとも損失を避けることはできます。

実は筆者も、テンバガーになるまで保有を続けてみようと思い、実際に実行したことがあるのですが、株価が数倍になったあと、下げに転じ、結局は含み益を全て吐き出すことになってしまいました。かなりの額の含み益が消えてなくなったことに、とてもショックを受けたことを今でも覚えています。

こうした経験もあり、筆者は25日移動平均線を基準に売買をすることとしています。もし25日移動平均線だと買ったり売ったり忙しい……という場合は、13週移動平均線や26週移動平均線を用いてもよいと思います。

まとめ・結果的なテンバガーを目指すべき

まず、ずっと持ち続けるという方法は、かなりリスクが高くなります。持ち続けた結果、もちろんテンバガーを達成するケースもありますが、そうならないことの方が圧倒的に多いはずです。

逆に、持ち続けることにより多額の含み損や損失を被ってしまう恐れがあります。

そして、利益がある限り持ち続けるというのも、テンバガーに達せずに株価がピークアウトした場合、下手をするとせっかくの多額の含み益を取りこぼしてしまいます。

したがって、25日移動平均線でも13週移動平均線でも、別のサインでもよいのですが、株価が下降トレンドに転じたところでいったん売却するのが健全かつ確実だと思います。

そして、まだ株価が天井をつけていなければ再度上昇トレンドに転じるので、そこで買い直しをすればよいのです。

逆に、株価が天井をつけ下げに転じるならば、上昇トレンドにならないので、下降トレンド転換で売却したあとの利益の縮小や損失の発生を心配しなくてよくなります。

「何が何でもテンバガーになるまで売らないぞ！」というのはリスクが相当高いです。

テンバガー株の候補銘柄を買い、上昇トレンドの間は保有し、下降トレンドになったらいったん売却、再度上昇トレンドになれば買い直す……。この繰り返しにより損失を小さく抑えつつ利益を伸ばし、結果としてテンバガーを達成する、というのが最も確度の高い方法なのではないかと思います。

その「割安株」は大丈夫？――割安株投資の落とし穴（1）

割安株投資とは、ＰＥＲ（株価収益率）やＰＢＲ（株価純資産倍率）、配当利回りといった各種指標をもとに、企業実態に比べて割安になっている銘柄を買い、値上がりして適正な株価になるまで保有を続けるという投資法です。

例えば、ＰＥＲであれば、銘柄や業種によっても異なりますが、15～20倍が適正水準とされます。これよりもＰＥＲが低ければ割安だと判断されます。そういった銘柄を買っていきます。他に、ＰＢＲが1倍を大きく割り込んでいる銘柄や、配当利回りが高い銘柄も、割安株として評価されます。

筆者の感覚では、個人投資家の多くは成長株よりも割安株に投資する傾向が強いという印象があります。

確かに、成長株は大きく株価上昇する可能性もありますが、逆に株価が大きく下落することもあります。そのため、成長株投資はリスクが高いと考える、というのが理由の一つなのでしょう。

一方、割安株の場合はすでに株価が割安な状態にあるので、仮にそこから株価がさらに下がっても、たかが知れているという安心感があるかもしれません。

しかし、割安株への投資こそ個人投資家は慎重に行う必要があると筆者は考えています。

実際に筆者の周りでも、割安株に投資しているはずなのに、多額の含み損を抱えて塩漬け株に苦しんでいる個人投資家の方を目にすることがあります。

その株、本当に「割安」ですか？

最も注意したいのが、割安株を「割安」と思っているのが自分だけかもしれない、という点です。

実は、割安株投資は結構難しいのではないかと筆者は感じています。なぜなら、一見、株価が割安に見えても、実際はそうではないケースが見受けられるからです。

例えば、こんな状況を考えてみてください。

・株価1500円、EPS（1株当たり当期純利益）が100円のA社株があったとします。↓現時点では、PERは「1500円÷100円＝15倍」ですから、決して割高ではないものの、かといって割安とはいえません。

・その後、A社株の株価が1200円まで下落しました。その一方で企業側は業績の予想を変えていません。するとPERは「1200円÷100円＝12倍」となり、かなり割安な水準となってきました。↓割安株投資をしている個人投資家は、このようにPERが

15倍から12倍になり、かつ企業業績にマイナスの変化がないならば、かなり株価は割安になったとして、このA社株に積極的に投資をしていきます。

・株価はさらに下落して１０００円になりました。A社の業績予想に特に変化は見られません。↓PERは10倍にまで低下し「さらに割安になった」と買い増しをする個人投資家も少なくないでしょう。

でも、この投資行動こそが極めてリスクを伴う可能性があることに、一刻も早く気づく必要があります。

外国人投資家やプロ投資家はその株を「割安」と思っていない

皆さんにお伝えしたい方法の一つが、「別の投資家の立場から考えてみるクセをつける」ということです。

株価が値下がりを続けPERが低下してくると、個人投資家はその株が「割安になった」と喜んで買うことでしょう。

その一方で、PERがそこまで低くなっているのにもかかわらず、現にその株は売られ続けているという事実にお気づきでしょうか？

株価を大きく下げるほど大量の売りを出せる投資家は、外国人投資家や機関投資家（例えば、投資信託を運用しているファンドマネージャー）である傾向が多く見られます。

ということは、個人投資家がＰＥＲなどから判断して「割安」と感じている時に、一方では、株式投資に長け、銘柄分析の能力・精度が格段に高い外国人投資家や機関投資家はその株を「割高」だと判断しているのです。

もし、彼らが個人投資家と同様に、株価が大きく下がりＰＥＲも低下している株を割安と感じているなら、その株を売却することはないはずです。

ですが、現実にＰＥＲがかなり低くなっているのに株価が下がり続けているということは、彼らが決してその株に対して割安という評価を下してはいないということになります。

ＰＥＲ10倍でも「割高」？

ですので、株価が値下がりしＰＥＲ10倍になった株を「割安」と判断して買うと、その後は株価が上昇しないどころか、さらにＰＥＲ9倍、8倍と値下がりを続けていきます。

そして最後には、会社から業績予想の下方修正が発表され、さらに株価は大きく下がってしまう可能性も十分にあり得るのです。

ＰＥＲ10倍まで株価が値下がりしたのは、割安になったのではなく、外国人投資家やプロ投資家が、会社が業績予想の下方修正を発表するかなり以前から、その株の業績悪化などを察知し、売却を進めていた結果なのです。

念のために申し添えると、株価が割安な水準で放置されているケースも確かにあります。しかし、本当に割安なのか、それとも表面上で割安に見えているだけなのかを個人投資家レベルで正確に判断することは難しいです。

そのため、株価が値下がりしＰＥＲが低下した株に対して、個人投資家が手放しで喜ぶというのは早計です。

そうではなく、外国人投資家や機関投資家はその株を決して割安とは思っていない、だから株価は下落している。この事実から目を背けないようにしましょう。

その「割安株」のリスクは大丈夫？——割安株投資の落とし穴（2）

個人投資家が「割安株」だと思って投資している銘柄の中には、本当は割安とはいえないものが含まれている可能性があるなら、プロのように銘柄分析をして、本当に割安な株を厳選して投資すればよいのではないかと考える方もいるかもしれません。

しかし、そもそもプロと同レベルの銘柄分析を個人投資家が行うのは極めて困難であり、仮にプロレベルの銘柄分析を行って本当に割安な株を買うことができても、それでもリスクは残るのではないかと筆者は考えます。

なぜなら、「今後、株価が大きく値下がりした時に多額の損失を被る」可能性が高いからです。

2024年3月現在、日経平均株価は4万円台ですが、もしも今後、バブル崩壊や金融危機が起こると、日経平均株価が3万円や2万円を割り込む可能性もあります。

そうなれば、現時点で割安な状態の銘柄であっても、さらに大きく株価が値下がりしてしまうリスクが生じるでしょう。株価が割安だろうが何であろうが、株を保有していること自体がリスクと投資家が感じることで、ほとんどの銘柄が大きく売られてしまうのです。

そんな状況で、すでに買いポジションが100%近くに達している場合は、さらに株価が値下がりしてもお金がないので買うことができません。また、保有株についても、株価がさらに下がるとより割安に見えるため、売却せずに保有し続けることになるでしょう。

その結果、多額の含み損を抱えた塩漬け株ばかりになってしまう可能性が生じてきます。

このように書くと、「さすがに日経平均株価2万円割れはないだろう」と思う方も多いかもしれません。でも、過去のバブル崩壊時における日経平均株価の推移を見れば「あり得る」と考えを改める方もいるでしょう。

〈過去のバブル崩壊時における日経平均株価の推移〉

- １９８９年12月　３万８９１５円　↓　１９９２年８月　１万４３０９円（下落率63・２％）
- ２０００年４月　２万８３３円　↓　２００３年４月　７６０７円（下落率63・５％）
- ２００７年７月　１万８２６１円　↓　２００９年３月　７０５４円（下落率61・４％）

もし２０２４年3月の高値４万１０８７円から、右のうち最も下落率が小さかった時と同じく61・４％株価が下落したとして計算すると、１５８６０円になります。

ですので、日経平均株価が2万円を割る可能性も、絵空事ではないことが想像いただけるのではないでしょうか。

■過去のバブル崩壊における日経平均株価の推移

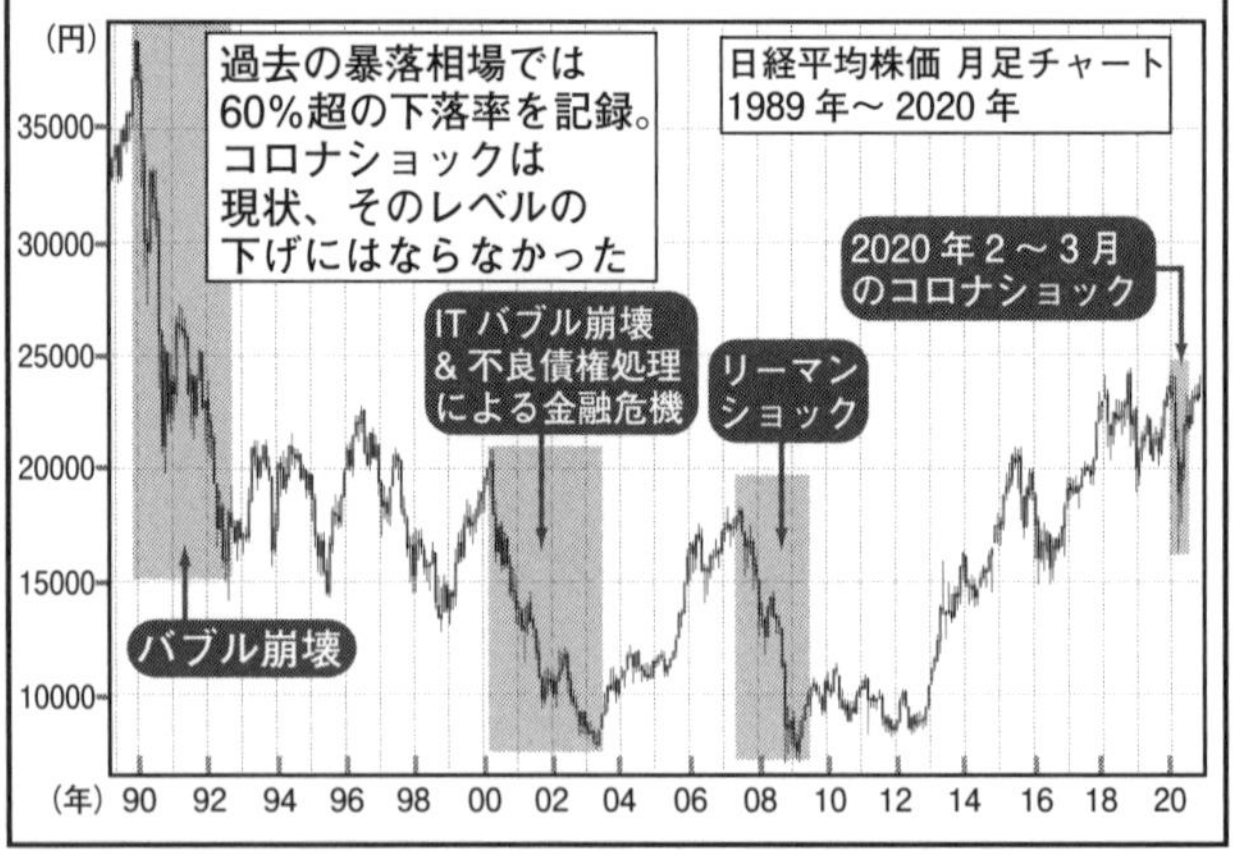

「どうせ戻るはずだから」は都合のよい言い訳

もちろん、一時的にそのような塩漬け株ばかりの状況になったとしても、その後、株価が反発に転じれば、含み損は解消できるかもしれません。

でも、株価が値下がりしている時には手を出さず、株価が反発したら買うようにすれば、今買うよりもっと安い株価で買うことができます。その方がトータルで見ると利益が大きくなる可能性が高くなります。

現に、2012年11月から始まったアベノミクス相場、特に2013年前半までの半年間は、非常に利益を得やすい状況にありました。しかし多くの個人投資家は、上昇の初期段階で、すでに含み損を抱えた塩漬け株ばかりを保有していたため、資金を投入することができず、株価の大きな上昇の恩恵を受けることができなかったのです。

そして、より怖いのは、株価が大きく下落することで、実体の経済も悪化してしまうことです。そうなると、もともと割安株だった銘柄の業績も落ち込んで割安株ではなくなってしまいます。実際、２００８年のリーマンショックの時は、そうした現象が随所に見られました。

割安株の業績が悪化し、その後、業績が回復しなければ、株価も低迷して買い値まで戻らず、いつまでも塩漬け株を抱えてしまうことになるでしょう。

なので、割安だと思って買った株を、株価が値下がりしても「どうせそのうち戻るはずだから」と保有を続けるのは、非常にリスクの高い行為なのです。

「擬似的な割安株」を買わないようにするには？

割安株投資で最も注意したいポイントは、割安株のように見えて、実はそうではないという「擬似的な割安株」を買わないようにすることです。そのためには、株価が値下がりしている最中に逆張りで買い下がることは避けた方が安全でしょう。

先ほど述べたように、株価が値下がりしているということは、外国人投資家やプロ投資家がその株を売却している可能性が高いわけです。

そして彼らが売却しているということは、その株に対して「割安」ではなく「割高」と判断している可能性が高いことを意味します。

株価下落が続いて、本当にその株が割安になったと外国人投資家やプロ投資家が判断したならば、値下がりしていた株価が反転して、上昇トレンドに転じる傾向が多々あります。

それを確認したあとに、買う方がはるかにリスクが小さいと思いませんか?

◎まとめ

いつ株価が大きく下がってもおかしくありません。実際にそうなった時、大きな損失を避けること、そして、その後にやって来る大きな上昇相場でしっかりと利益を得ることが、株式投資で成功するために必要なことだと筆者は思います。

初心者向け株主優待のメリットは? これだけは注意しておこう

株式投資の楽しみの一つに「株主優待」を挙げる個人投資家が多いようです。そこで、この項では株主優待についての基本的な話と、最低限注意しておきたい点を取り上げます。株主に対する代表的な利益の還元方法として「配当金」がありますが、上場企業の一部では、この配当金にとどまらず、企業独自に株主へプレゼントをしています。それが**「株主優待」**です。

株主優待を実施している企業は約１４００社、これは全上場企業のおよそ3社に1社以上の割合です。

株主優待の内容は様々ですが、自社商品や、自社店舗で使える優待券・割引券を配るケースが多いようです。しかし、中には企業の事業内容と全く関係ないものを配るケースもあります。業種別では食品・外食産業・サービス業は株主優待を実施している割合が高く、逆に製造業などでは実施率は低くなっています。

各企業の株主優待の内容は『会社四季報』の巻末に掲載されています。また証券会社のホームページでも特集ページが組まれていることが多いのでそちらも参考にしてください。

――●**株主優待**　上場企業が株主になってくれたお礼に、決算期末や中間期末に株主名簿に記載された株主に、自社商品や自社買物券、食事券、クオカードや図書カードなどの金券、カタログギフトなどを贈ってくる制度です。企業側の利点は、顧客でもある個人投資家に株主になってもらって認知度を高めることや、株式市場で上場を維持したり、市場昇格するために必要な株主数を確保したり、個人の安定株主を増やすことなどです。

株主優待のメリットは?

個人投資家にとって株主優待のメリットは、株主優待を金銭的価値に引き直して「利回り」という観点から評価すると分かりやすいかもしれません。

配当利回り(現在の株価で投資した場合、投資金額に対して年間何%の配当金を受け取れるかを表したもの)に株主優待の金銭的価値を加えた「実質利回り」では、年間当たりの利回りが10%を超える銘柄もあります。超低金利の今、これはかなりお得感が高いといえるでしょう。

例えば、現在の株価が100円で、毎年1株当たり2円の配当金の他、自社店舗で使える優待券(優待額合計8000円)の株主優待を行っている銘柄に1000株投資したなら、実質利回りは「(2円×1000株+8000円)÷(100円×1000株)」で10%となり、10年で投資金額の元が取れることになります。

また企業によっては株主限定の品を配っていることもあり、この場合はプレミアムとしての評価も加わるため、単純に金銭的評価には置き換えられない価値があるかもしれません。

株主優待はあくまでもオマケととらえる

株主優待の魅力に水を差してしまうようですが、実は株式投資では株主優待を重視し過ぎると、株主優待で得られる金銭的価値の何倍、何十倍もの損失や含み損を被ってしまう恐れがあるので十分注意が必要です。

実質利回りが十分に高く、たとえ株価が大きく下落しても投資元本を回収できるまで持ち続ける覚悟があるなら話は別ですが、株主優待の内容がどんなに魅力的であっても、長期的に下降トレンドが続く銘柄を持ち続けることは決してお勧めできません。

筆者は銘柄選びの基準はあくまでも企業業績が伸びているかや、企業実態に比べて株価が割安かどうか、といった視点で行っており、株主優待の有無は考慮に入れていません。選んだ銘柄が株主優待を実施していたらラッキー、ととらえる程度です。

あくまでも業績や割安度で銘柄を選び、株価のトレンドが上昇トレンドの時のみ保有し、下降トレンドに転じたら売却する——これが筆者の考える株式投資の原則です。株価が下降トレンドに転じた時、「株主優待がもらえるから売らずに保有しよう」という考え方は株式投資の本質から外れた行動です。株主優待はあくまでも「オマケ」と考えていた方がよい投資成果が残せるはずです。

どんなに魅力的な株主優待がある銘柄でも、やはり下降トレンド途中での買いはお勧めできません。また損切りもしっかりと実行する必要があります。

その点では株主優待があろうがなかろうが、株式投資における鉄則は変わらないということです。

第5章

長期VS.短期　どんな
スタイルで投資すべきか？

「長期投資」を言い訳にしていませんか？

「株式投資は長期投資が基本」とアドバイスする専門家やアドバイザーは結構多い、と感じるのは筆者だけでしょうか。そして、それを実践する個人投資家も数多くいるように思います。では、なぜ長期投資が個人投資家に受け入れられやすいのでしょうか？　いろいろ理由はあると思いますが、筆者は以下の2点が大きいと思います。

一つは、長期投資の投資哲学に共感を覚えやすい、という点があります。「投資家が企業の株を買って長期投資すれば、企業を応援することにつながり、その行動が経済の発展にも役立つ。しかし短期売買は利益だけを追い求めた単なるマネーゲームであり、ギャンブルと変わらない」と個人投資家に説く専門家やアドバイザー。この考え方に賛同する個人投資家も多いようです。

もう一つは、根強い「右肩上がり信仰」があります。専門家だけでなく、個人投資家の多く、特に中高年以上の方にはその人生経験に基づき、株価は長期的に右肩上がりに上昇するもの、という先入観があるようです。

実際、戦後から日経平均株価は数多くの暴落を乗り越えて上がり続けました。それは1

９９０年代初頭の平成バブル崩壊まで続きました。したがって、短期間の投資では大きく損をすることもあるが、長期投資をして長期間株を持ち続ければ最終的には報われる、という心理が根底にあるようです。

長期投資が大失敗を誘発する？

しかし、いくら投資哲学として長期投資が素晴らしいとしても、過去の傾向が右肩上がりだったとしても、実際に利益を得ることができなければ全く意味がありません。

筆者は、長期投資という考え方こそが、多くの個人投資家が大失敗をしてしまう原因になっていると考えています。個人投資家は、このことに早く気づく必要があるのです。

株式投資では絶対に大失敗を避けなければなりません。個人投資家にとって株式投資での大失敗といえば、買った株が買い値より大きく値下がりし、多額の含み損を抱えた塩漬け株が発生してしまうことに他なりません。筆者はそう強く考えています。

逆に言えば、塩漬け株の発生を防ぐことができれば大失敗を避けることができるわけです。塩漬け株防止に最も効果的なのは、何といっても早めの損切りです。

ところが、筆者は、長期投資が塩漬け株の発生を助長していると考えます。

長期投資が損切りをしない言い訳になる

投資家は、株価が買い値より値下がりした時、損切りするかどうかの判断に迫られます。

しかしながら、投資家の多くは、株価が買い値より値下がりしても、それは一時的なものであり、長期的に保有し続ければ値下がりが解消されて値上がりに転じる、としてなかなか損切りを実行しません。

また、本当は損切りすべきと頭の中では分かっていても自身のプライドと実現損に強い抵抗があるために、そのまま持ち続け、損切りから逃げています。その際、長期投資を自らに対する損切り忌避（きひ）のありがたい理由にしている投資家は多いと筆者は思います。

株価が買い値から下がったということは、株が上がる予想が見込み違いだったことを表しています。ですから、早めの対応が必要になります。結論を先延ばしにした結果、さらに株価が下落して含み損が大きく拡大してしまえば、なす術（すべ）がなくなってしまいます。

様々な銘柄の株価チャートを見れば、10年、20年と長期投資を続けても買い値を上回るどころかずるずると下げ続けてしまうケースも多いことに気が付くはずです。

傷が浅いうちに適切な対処をしておく、これが特に日本株の個別銘柄に投資する際には非常に重要です。

「損切りつきの長期投資」であればＯＫ

筆者は頭ごなしに長期投資を否定しているわけではありません。しかし、長期投資が大失敗を生み出す大きな要因となっていることは、紛れもない事実です。したがって、大失敗をしないような長期投資を心がけるべきです。それは、「損切りつきの長期投資」です。

いくら長期的に有望な会社を見つけたからといって、その会社の株価が右肩上がりに上昇を続けるとは限りません。隠れた悪材料が露呈して株価が大きく下がってしまう可能性も十分にありますし、高い将来性を信じていても、突然業績が急激に失速してしまうことも珍しくありません。

そのため、将来有望な会社に長期投資すると決めても、「25日移動平均線を割り込んだらとりあえず損切りする」「買い値から10％下がったらとりあえず損切りする」「直近の安値を下回ったらとりあえず損切りする」といった損切りのルールもしっかり決めておくべきです。

そうすれば、思惑通り株価が右肩上がりに上昇すれば、そのまま持ち続ければよいですし、期待に反して値下がりしても、損切りの実行によって損失を最小限に抑えられます。

そして、状況が好転すればまた同じ銘柄を買えばよいのです。長期投資であっても放っておいてよいわけではありません。選んだ銘柄と自らのルールや市場動向との関係を定期的に確認することは必要です。

確かに右肩上がりに上昇する銘柄も数多くあるでしょう。しかし、事前にそうした銘柄を個人投資家が１００％に近い確率で見つけ出すのは非常に困難と言わざるを得ません。だからこそ投資の原点に立ち返り、「できるだけ安く買って高く売る」「株価が下降トレンドにある株は持たない、買わない」ことが重要です。

損切りさえ確実に実行していれば、大失敗は防げます。「長期投資で持ち続ければ最後には報われる」という甘い誘惑に負けず、損切りの重要性を理解し、たとえ長期投資目的で買った銘柄であったとしても確実に損切りを実行するようにしましょう。

積み立て投資に向いている人・いない人

「ＮＩＳＡ（ニーサ：少額投資非課税制度）」や「ｉＤｅＣｏ（個人型確定拠出年金）」の普及で、今、多くの方が株式に連動した投資信託を使って長期定額積み立て投資を始められています。

２０２３年までの旧ＮＩＳＡには2つあり、「一般ＮＩＳＡ」は主に個別銘柄に投資する個人投資家を税優遇する制度、「つみたてＮＩＳＡ」は長期にわたって投資信託に積み立て投資する個人投資家を優遇する非課税制度です。

つみたてＮＩＳＡは年間40万円・非課税期間20年の上限の中で、投資信託の分配金や売却（解約）益が非課税となります。そして２０２４年以降は、旧ＮＩＳＡは非課税期間満了まで継続保有できる一方、新ＮＩＳＡとして生涯非課税枠１８００万円、年間投資枠がつみたて投資枠と成長投資枠あわせて３６０万円まで投資できるようになりました。さらに非課税期間も無期限となりました。

生涯非課税枠のうち、個別株などに投資できる成長投資枠は１２００万円（年間当たり投資額２４０万円）が限度ですが、成長投資枠を使って積み立て投資もできるので、マックスで１８００万円分の積み立て投資が非課税で行えることになりました。

積み立て投資の優位性が発揮されるには前提条件がある

ファイナンシャルプランナーの多くは、投資初心者に積み立て投資を推奨します。それは過去の経験やデータから、定期的な積み立て投資は、資産を増やすことができていたからです。

ところが、例えば、2020年2〜3月のコロナショックで怖くなって、積み立てをストップしてしまったり、積み立て額を減額してしまったりすると、上記の経験則が崩れてしまいます。

つまり、長い期間、定期的に積み立てて運用することで効果を発揮するのは、マーケットがどんなに上がろうと、どんなに下がろうと、ずっと同じ金額を積み立てて投資し続けるという前提があってこその効果なのです。

途中で運用をストップしたり、金額を減額したりすると、過去の経験則とは異なる結果を招く可能性が高まってしまいます。

積み立て投資が向いている人・いない人

筆者も投資資金の一部は積み立て投資に振り向けていますが、大部分は株（個別銘柄）への投資です。なぜなら、筆者は積み立て投資に向いていないのです。

積み立て投資に向いているタイプ、それは「よい意味で鈍感」であること。株価の動きが気にならないタイプ、もしくは気にしたくない人が適している投資手法なのです。

逆に、株価が大きく下落したからといって積み立てをやめたり、解約したりしてしまい、株価が大きく上昇したのを見て慌てて再開する、というようなタイプの人には積み立て投資は向いていません。

例えば２０２０年のコロナショックで「怖くて投資信託を持ち続けることなんてできない。ましてや、毎月積み立てを続けるなんて無理！」と実感した方は、積み立て投資ではなく、例えば筆者が実践しているような、個別銘柄に対してタイミングを計って売買するような方法の方が向いているかもしれません。

「コロナショックでは、投資を始めて間もなかったこともあって、慌てて積み立てをストップしてしまったが、それでは積み立て投資はうまく行かないことが分かった。これからは継続して積み立てをしていきたい」と思った方もいらっしゃると思います。

確かに、投資の知識もあまりないままに積み立て投資を何となく始めると、株価の急落に驚いてしまいます。でも、積み立て投資には株価がいくら変動しても動じない精神力・鈍感力が必要だと分かれば、その後は淡々と積み立てを続けることができるでしょう。

いったんストップしてしまったが、これからＮＩＳＡでの積み立て投資を再開しても大丈夫か、という質問には「影響はありません」と即答します。

もし、ＮＩＳＡで年間60万円×30年積み立てる予定だった人が、１年間積み立て続けた時点で、コロナショックのような大暴落が起こって、恐怖を感じて積み立てを半年間ストップしたとしたらどうでしょうか？

積み立て額だけを見ても、トータルで１８００万円積み立てるうちの、まだ60万円分しか積み立てていません。この程度の金額であれば、株価が大きく上がろうが下がろうが、長期的にはほとんど影響がないことが分かります。

コロナショックは、いわば積み立て投資が自分に向いているかどうかを見極める試金石だったのかもしれません。

いずれにせよ、積み立て投資をするのであれば、株価の上昇にも下落にも一喜一憂せず、本当に淡々と積み立てを続ける、この簡単なようで意外と難しい作業の継続が求められることを改めて認識してください。

移動平均線で株価トレンドをつかみ、買い時・売り時を逃さない！

筆者は日々の売買において、株価と移動平均線の位置関係から買い時・売り時を見つけています。言い換えれば、株価の「トレンド（方向性）」を見つけることで、そのトレンドに従って売買をしています。これを筆者は「株価トレンド分析」と呼んでいます。

移動平均線とは、ある期間の株価、価格の平均値の推移を表す線。例えば、５日移動平均線なら過去5日間の平均値の推移、13週移動平均線なら過去13週間の平均値の推移です。

筆者の場合、非常にシンプルなルールで売買していて、「25日移動平均線を超えたら買い、25日移動平均線を割り込んだら売り」というものです。

これにより、株価が大きく下がるような局面においても下落の初期段階で保有株を売ることができます。また、株価が上昇を続けるような局面では利益をできるだけ大きく伸ばすことが可能です。

つまり、大きな上昇や大きな下落に非常に高い効果を発揮するのが、この「株価トレンド分析」なのです。

よくある失敗（1）買い時を逃した

株価トレンド分析では、25日移動平均線を超えたら買い、というルールです。でも、25日移動平均線を超えていたら何でもよいかといえばそうではありません。移動平均線から

■25日移動平均線を使った筆者の売買法

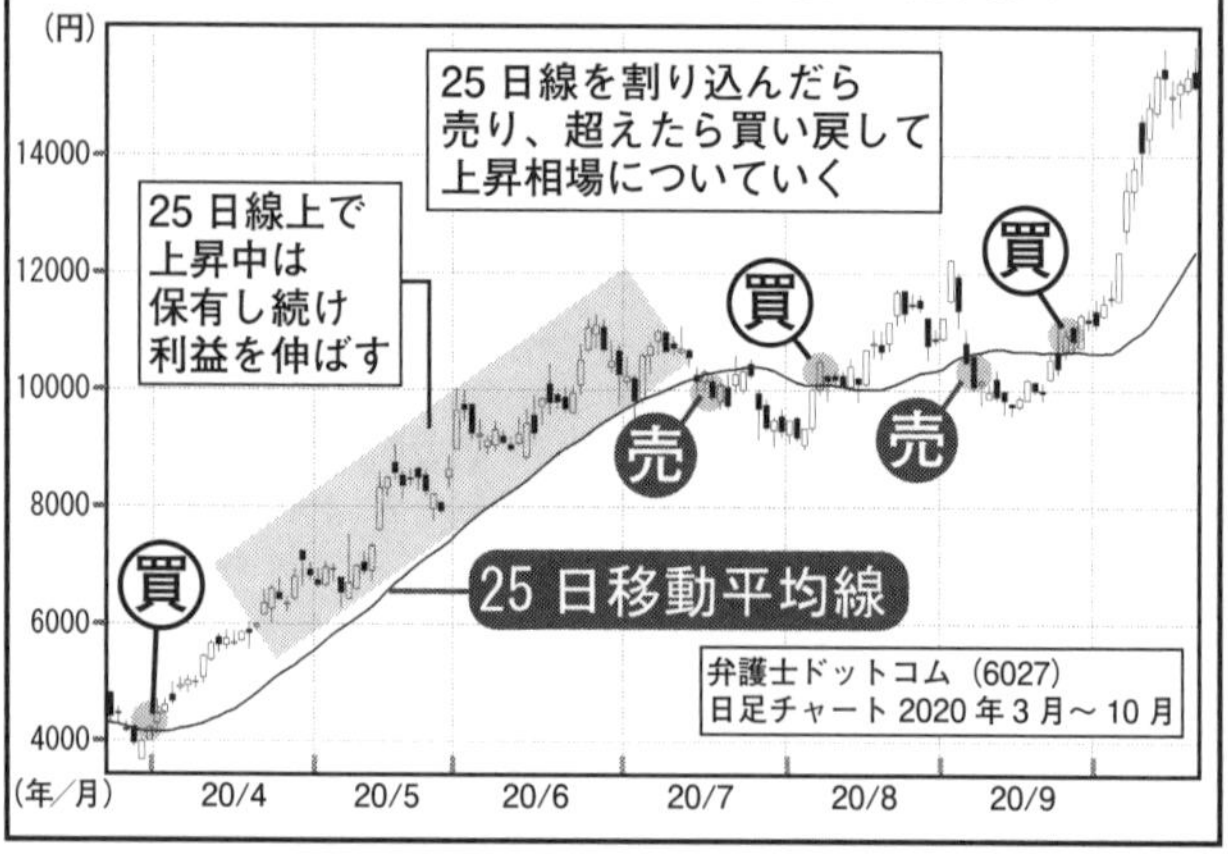

の（プラスの）かい離率が大きい場合は買いを避けるべきです。

かい離率が大きいと、高値掴みになる可能性が高くなり、その結果、25日移動平均線を割り込んで大きな損切りとなってしまうからです。

筆者の場合は、どんなに高くても買いはかい離率10％以内までとし、基本は5％以内、できれば2～3％に抑えるようにしています。

よくあるのが、買おうと思っていた銘柄が目を離した隙に大きく上昇してしまっているというケースです。この場合、移動平均線からのかい離率がすでにかなり大きくなっているのであれば、うかつに手を出さないようにします。そうならないように、投資したい銘柄があれば買い時を逃さないよう、株価を毎日ウォッチしておくことが大切です。

好決算の発表などにより、株価が突然急騰してしまう場合も同様です。下手に飛びついて買ってしまうとそこが天井だった……ということもあります。上場している銘柄は３９００社以上。急騰した株を無理に追わず、他の銘柄を探すようにしましょう。

仕事が忙しく、なかなか日々の株価をウォッチできないという方は、投資候補としている銘柄につき、25日移動平均線から２～３％程度、上のところに「**逆指値**」の買い注文を設定しておくという方法があります。こうすれば、株価が上昇して25日移動平均線を超えたところで自動的に買い注文が発注され、「買い時を逃した」というケースを防ぐことができます。

ただ、この方法の場合、決算発表で株価が急騰するようなケースだと、思わぬ高値で買ってしまうことになりますので注意してください。決算発表直前の銘柄には逆指値注文を入れないなどの対策が有効です。

●**逆指値**　通常の指値とは逆に「この価格まで下がったら売る」「この価格まで上がったら買う」という注文のこと。損切り注文をあらかじめ入れる時に「この価格以下まで下がったら売り＝損切り」という形で発注するケースが一番多い使い方といえます。

よくある失敗（2）売り時を逃した

（1）の買い時を逃すケースは、利益を得る機会を逸してしまっただけですので、まだましです。高値摑みさえしなければ大きな痛手にはなりません。

しかし、保有している株の売り時を逃すことは、それが即、大きな失敗につながりますので十分に気をつけなければいけません。

保有株の売却は、筆者であれば25日移動平均線を明確に下回った時、具体的には25日移動平均線から2％程度下まで株価が下がった時を原則としています。

保有株の株価がどのようになっているかを確かめずに放置すれば、「気がついたら株価が25日移動平均線を大きく下回っていた……」ということになりかねません。

したがって、たとえ仕事で忙しくても、保有株の日々の株価ウォッチを実行し、25日移動平均線を明確に下回ったことが確認できたら速やかに売却する必要があります。

どうしても株価をなかなか見られない、という方はやはり「逆指値注文」の活用をお勧めします。例えば、25日移動平均線から3％程度下のところに逆指値の売り注文を出しておけば、株価が値下がりした時に自動的に注文が発注され、売却ができます。

決算発表で急落しても「ルールは守る」

もう一つ、決算発表によりそれまで25日移動平均線を超えていた株価が突然急落し、25日移動平均線を大きく下回ってしまうことがあります。

こうなると、保有株の売却をためらい、「株価が戻るまで保有を続けよう」と考えてしまう方が多いようです。しかし、これはまさに個人投資家が株式投資で失敗してしまう根本原因である塩漬け株に即つながる行為です。

筆者が25日移動平均線を割り込んだら保有している株を売却するというのは、株式投資で大きな失敗を避けるために用いている「ルール」です。

ルールというのは目的があって設けているものですから、ルールを作ってもそれを守らなければ全く意味がありません。

ですから、筆者は決算発表で急落し、25日移動平均線からのマイナスのかい離がどんなに大きくなったとしても保有株は売却します。それが自分に課したルールだからです。

もし、決算発表の急落を避けたいのであれば、決算発表の前の時点で、保有株が25日移動平均線を超えていたとしても売却すればよいと思います。その代わり、決算発表により逆に株価が急騰しても、その恩恵を受けられなくなります。保有株の急騰の可能性を排除してでも株価急落を避けたいかどうか、よく考えて選択するようにしてください。

今後、株価が長期的に大きく値下がりする局面もあるでしょう。そんな時に自分の資産を大きく目減りさせず守るために設定するのがルールです。上昇相場では多少ルールを逸脱しても何とかなりますが、下落相場ではそれが命取りになります。

長期下落相場が訪れる前に、しっかりとルールを作り、それを守る練習をしておくことがとても重要です。

個人投資家が損切りせずに大失敗を避けるための方法

個人投資家が株式投資で「成功できる・できない」を分ける大きな壁は「損切りできるか・できないか」です。

個人投資家の方と話をすると、「損切りの重要性は頭では分かっていても、いざとなると実行できない」という人が多いことに気づかされます。

そこで、まずは「損切り」について考えておきましょう。

「損切りすべきなのは頭では分かっていても、損切りが実行できない」という個人投資家に有効なのが、多くのネット証券で取り扱っている「逆指値注文」です。

この「逆指値注文」を使えば、あらかじめ指定した損切り価格に株価がヒットした時点で、問答無用で自動的に損切りの売却を実行してくれます。

でも、逆指値注文を使うと実際に損切りが実行されてしまうので抵抗がある、そもそも損切り自体をしたくない、という個人投資家が実は大半のようです。

筆者は「損切りの実行」なくして、株式投資における大失敗の回避はあり得ないことを身をもって実感しています。それでもどうしても損切りしたくない、という個人投資家の声に応えて、どうすれば損切りしなくてもできるだけ大失敗を避けることができるか、考えてみました。

１　下落途中の株を買わない

いくら好業績が期待できても、いくら高値から株価が大きく下がってお買い得に思えても、株価が下降トレンド真っ最中の株を買うという行為は、火中の栗を拾いに行くようなものです。塩漬け株が発生する可能性が非常に高いといっていいでしょう。

例えば、次ページの図はかなり昔になりますが、２００７年から２０１２年までの任天

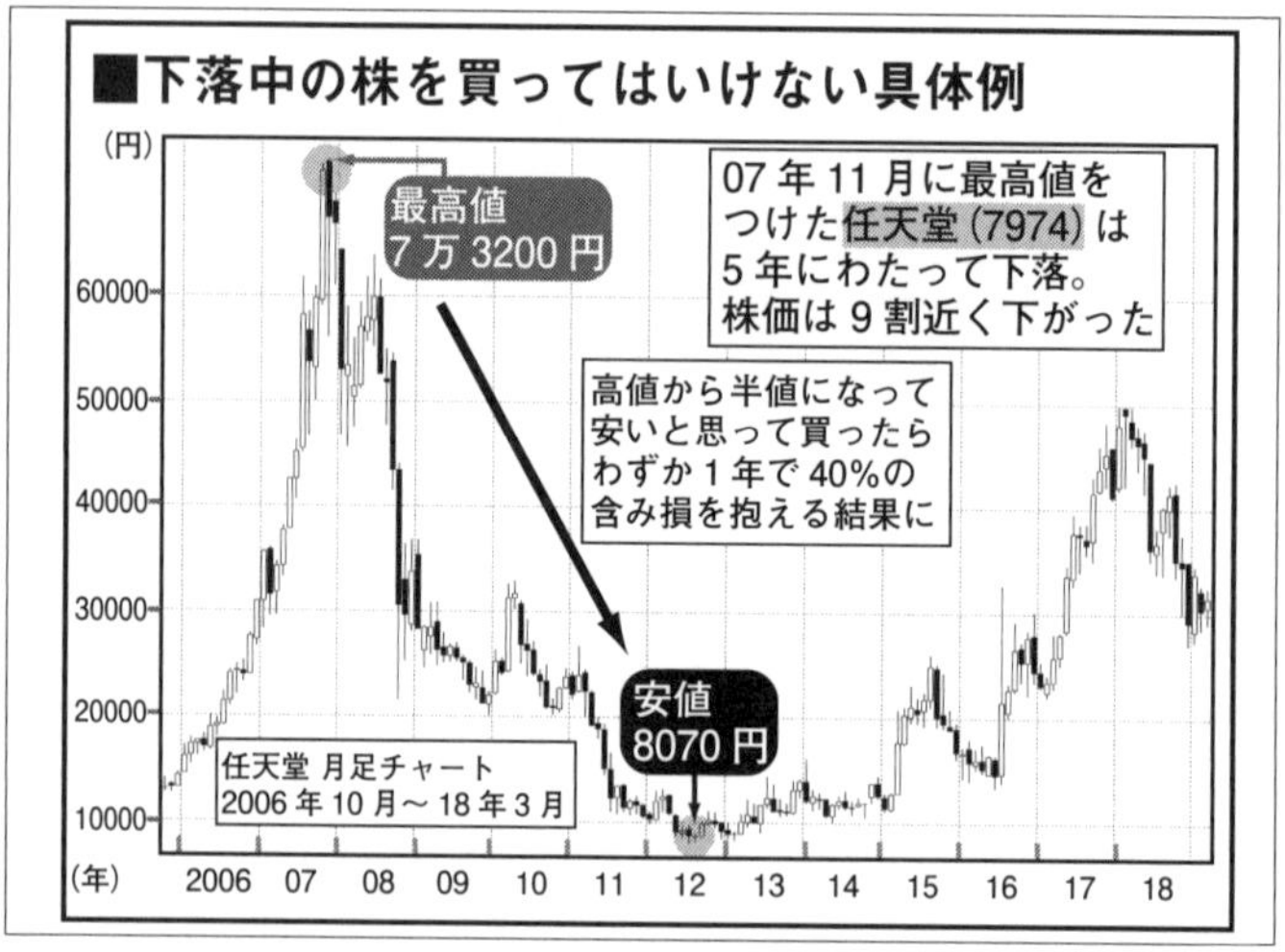
■下落中の株を買ってはいけない具体例
(円)
最高値
7万3200円
07年11月に最高値を
つけた任天堂(7974)は
5年にわたって下落。
株価は9割近く下がった
高値から半値になって
安いと思って買ったら
わずか1年で40%の
含み損を抱える結果に
安値
8070円
任天堂 月足チャート
2006年10月～18年3月
60000
50000
40000
30000
20000
10000
(年)
2006 07 08 09 10 11 12 13 14 15 16 17 18

堂（7974）の過去の株価チャートです。

任天堂は当時から誰もが認める優良企業で、業績も好調でした。しかし株価は、2007年11月に7万3200円の高値をつけたあと、大きく値下がりし、2009年10月には2万1630円の安値をつけました。高値から70％以上の下落です。

「あの業績絶好調の任天堂株が高値から半分になった。お買い得だ」と思って、株価が下落途中にもかかわらず2008年10月に3万6600円で買ったとしたら、わずか1年で買い値の40％もの含み損を抱える結果になってしまったのです。

さらに2012年7月には8070円にまで下落し、2008年10月に買っていたら、買い値からおよそ5分の１にまで値下がりしてしまいました。最高値から見たら９分の１です。

その後はアベノミクス相場が始まり２０１８年１月には４万９９８０円まで上昇しましたが、株価が２００８年10月の買い値に戻るまでに９年も要したのです。

任天堂のように株価が戻ればまだよいですが、そうならずに20年、30年たっても買い値に戻らない銘柄も多々ありますので十分気をつけてください。

2　根拠なく適当に買わない

損切りができるのであれば、直感的に「上がりそうだな」と思った株を何となく買ってみることも問題ありません。なぜなら、その株の株価が下がったら損切りすればいいだけの話だからです。

しかし、損切りできないのなら話は別です。上がるか下がるか分からない中途半端な株価の位置で買うのではなく、上昇トレンドの初期など上がる可能性が高い局面で買うようにしましょう。

3　大きく上昇した銘柄を買わない

株価は必ずしもなだらかに上昇を続けていくものではないことは、皆さんもお分かりでしょう。仮に長期的には右肩上がりに上昇していくにせよ、時には上にも下にも行き過ぎることがよくあります。1で示した任天堂も、高値をつける直前の2年間で株価は6倍以上も上昇したのです。株価チャートを見ると、非常に急激な上昇でした。

株価が大きく上昇している、ということは株価が上に行き過ぎている可能性があります。そうなれば行き過ぎた株価はいずれ修正されるもの。高値掴みは最も塩漬け株が発生しやすい投資行動の一つです。損切りできないのなら、大きく上昇した銘柄を高値で買うのは避けましょう。

4　業績予想を過信しない

株価は将来の業績を織り込んで動きます。しかしながら、将来は誰にも分からないもの。将来の業績予想と実態とが大きく異なるケースも頻繁に見られます。

好業績の予想を信じて、好業績が期待できる銘柄に投資したとしても、実際は業績がよくないことが市場関係者の知るところとなれば、もともと好業績期待で株価が高かった分、下落も激しいものになります。あっという間に株価が2分の1、3分の1になってしまうケースも珍しくありません。損切りができれば、下落の初期段階で逃げることができますが、損切りができなければ、多額の含み損を抱えてしまうことになりかねません。

業績予想は外れることも多々あります。損切りができないのならば、業績だけでなく株価の動きや株価の位置にも気を配り、塩漬けになる可能性ができるだけ低いタイミングで買うようにすべきです。

5　売られ過ぎの局面で買う

損切りしないことによる最大の弊害は、「塩漬け株」を作ってしまうことにあります。塩漬け株を作らない、仮に作ってしまうにしても含み損をより小さくするには、「できるだけ安く買う」ことを心がける必要があります。

株式市場は上にも下にも行き過ぎると先ほども申し上げましたが、2～3年に1回くらいは「明らかに売られ過ぎ」という局面があるものです。半ばパニックになって皆が投げ売りする場面こそが安く買う最大のチャンスです。

その後の反発局面でしっかりと利食い売りをするのであれば、この戦略の成功率は高いといえます。

売られ過ぎかどうかを判断するには、例えば、25日移動平均線からのマイナス**かい離率**（日経平均株価であればマイナス10％が目処(めど)）、**信用評価損益率**（マイナス20％以下が目処）、25日騰落レシオ（60％以下が目処）などを用います。

ただ、売られ過ぎの局面はそうそうありませんし、買いのタイミングもかなりシビアになりますので、常日頃から上記の指標や株価のチェックは怠らないようにしなければなりません。

また、株価暴落局面などでは「売られ過ぎ」の状態から、さらに大きく下落することもあり得ます。売られ過ぎの局面で買う方法は過去の実績から見て成功の可能性はかなり高いと思われますが、１００％万全なものではありません。買うなら下落終了直後の反発に転じたタイミングで買うようにしましょう。

株式投資に限らず、儲けの基本は「安く買って高く売る」ことです。損切りをどうしてもしたくない、もしくはできない方は、できるだけ安く買うことを心がけ、持ち株が多額の含み損を抱えることのないようにしてください。

●**（移動平均）かい離率**　株価が移動平均線の位置する価格帯から何％、上（プラス）、下（マイナス）に離れているかを表したもの。株価にはその性質上、移動平均線に近づこうとする力が働きやすく、移動平均線からあまりに離れて上昇・下降が続くと反転する可能性が高くなります。そのタイミングや値動きの過熱感を測るために使うのが移動平均かい離率です。

●**信用評価損益率**　信用取引を使って株を買っている人の損益状況を示したものです。信用買いのポジション（「建玉（たてぎょく）」といいます）を保有して、含み損を抱えている人は、評価損益率が悪化すると投げ売りして損切りすることが多くなります。評価損益率がマイナス20％以下になると、投げ売りが発生し、その後は潜在的な売り圧力が減って株価が底打ちする前兆シグナルになります。

株の売り時（1）上昇途中で売るか、上昇トレンド終了後に売るか

株式投資では買い時の見極めより売り時の見極めの方が何倍も難しいといわれています。

筆者も、売り時をとらえることは非常に難しいとつくづく感じます。

利益を確定する際の売り時は、突き詰めて考えれば「上昇トレンドの途中で売る」か「上昇トレンドの終了を確認してから売る」かの2つに大別できます。

そこで、まずは「上昇途中で売る」「上昇トレンド終了後に売る」の2つの方法についてメリットや注意点を考えていきます。

短期売買なら過熱感が高まったら上昇途中でも売る

上昇トレンド途中で売るという方法は、どちらかといえば短期売買の場合により有効なものです。

短期売買では、利益の確保が最重要課題です。「まだまだ上がる」と欲をかいて持ち続けた結果、逆に利益を大きく減らしたり損失が生じてしまってはもとも子もありません。したがって、個別銘柄の株価や相場全体に過熱感が生じてきたら上昇途中であっても売却して利益を確保する、という考え方です。

特にグロース市場銘柄をはじめ値動きの激しい銘柄は、調子よく株価が上昇していたかと思えば、ある日ある時突然急落し、2〜3日で株価が30%、50%も下落してしまうことも決して珍しくありません。そうなる前に、確実に利益を確保しておくことが重要です。

個別銘柄の過熱感を見るには、例えば、25日移動平均線からの株価のかい離率を参考にします。注意したいのは、銘柄によってどのくらい、かい離したら過熱状態といえるかが異なるという点です。

東証プライム市場上場の大型株であれば30％上方にかい離したら買われ過ぎ、といえますが、小型株やグロース市場銘柄などは平気で１００％以上かい離することもあります。銘柄ごとの特徴を見極めるために、過去の株価や移動平均線の動きを株価チャートでチェックし、かい離率がどの程度まで達したら株価が反落・調整する傾向にあるのかを確認しておくとよいでしょう。

相場全体の過熱感を測るには、先ほど見た「信用評価損益率」や「騰落レシオ」、さらには日経平均株価の25日移動平均線からのかい離率などを用います。日経平均株価の25日移動平均線からの上方かい離率が10％に近づいたら要注意といえます。

中長期投資なら上昇トレンド終了後に売ってできるだけ利を伸ばす

上昇トレンドの終了を確認した時点で売るという方法は、どちらかといえば中長期投資の場合により有効です。短期売買は大きな利益を狙うというよりは少ない値幅であれ利益自体を1回1回しっかりと確保する、というスタイルですが、中長期投資はトレンドが続く限り保有し続けて大きな値幅を取る、というスタイルだからです。

中長期投資では、上昇トレンドの継続途中で売ってしまうと、その後、さらに上昇が続いた時に大きな利益を得るせっかくのチャンスを逃してしまいかねません。

実践上も、短期的に多少過熱感が生じたとしても、長い目で見れば、その後、再び上がり始め、最終的に大きく上昇することもよくあります。

上昇トレンドの終了の可能性を探るためには、移動平均線の向きや、移動平均線と株価の関係を用います。例えば、上向きだった移動平均線が下向きに転じたり、株価が移動平均線を割り込んだ場合は上昇トレンド終了の可能性が高まりますから、そこで持ち株を売却することとなります。対象とする移動平均線は、筆者であれば日足チャートには25日、週足なら13週、月足では12カ月のものを使います。

数カ月程度の中期投資であれば、日足チャート＋25日移動平均線や週足チャート＋13週移動平均線で判断すればよいですが、長期投資なら月足チャート＋12カ月移動平均線を使って、長期的な上昇トレンドが終わるまでは持ち続けるのもよいでしょう。

結論：短期売買は利益確保を最優先、中長期投資はできるだけ利を伸ばす

以上から、短期売買の場合は上昇途中でも特に過熱感が高まったなら利益確保を優先し

て売っておく、中長期投資の場合はできるだけ利を伸ばすために上昇トレンドが続く限り持ち続け、それが終了したと思われる時点で売る、というのが筆者としての結論です。

ただし株価上昇のスピードが急速な場合、上昇トレンド終了の可能性が高いサイン（移動平均線の下向き転換や株価の移動平均線割れ）を待ってから売ると、せっかくの利益が大きく減少してしまう恐れもあります。中長期投資であっても、短期間に株価が大きく上昇したような時には、上昇途中であっても持ち株の一部は利益確定売りを実行しておくべきでしょう。

移動平均線や移動平均線と株価の位置関係から売り時を探る詳しい方法は、拙著『株を買うなら最低限知っておきたい　株価チャートの教科書』（ダイヤモンド社）をご覧くださ い。

株の売り時（2）様々な売り時の活用法と注意点

前項で上昇途中で売るケースと上昇トレンド終了を見極めてから売るケースの２つについて検討しましたが、それ以外の売り時についても、活用法や注意点をご説明しましょう。

株価の動きに明確な上昇トレンドが生じておらず一定の範囲内で株価が上下する**ボックス相場**を形成している銘柄は、ボックス上限に株価が近づいたら、とりあえず、いったん利益を確保しておくという方法が考えられます。ボックス相場が続く限りはボックス上限で株価は跳ね返され、反転下落に転じることになるからです。

そのうえで、もしボックス上限を超えて株価が上昇したら、新たに上昇トレンドが発生したと見て、再び買い直せばよいのです。

また、過去に何度も跳ね返された価格帯など株価の節目に実際の株価が近づいた時も、同様にひとまず売っておき、節目を超えて株価が上昇したらその時点で改めて買い直せばよいでしょう。

●ボックス相場　「レンジ相場」「持ち合い相場」ともいわれ、値動きが一定の値幅の中を行ったり来たりする展開が続いている相場状況のことをいいます。

株価チャートに天井サインが現れたら売る

大きく上昇をしてきた銘柄の株価チャートに長い**上ヒゲ**や**かぶせ線**など天井を示唆するローソク足の形が現れたら、利益確定売りを検討すべきです。

短期売買であれば、日足チャートにこれらの形が現れたら利益確定売りを強く検討する必要があります。中長期投資なら、日足チャートにこうした形が現れただけではあまり気にしなくても大丈夫ですが、週足チャートや月足チャートに現れたなら注意が必要です。一部だけでも利益確定しておくのが一つの考え方です。

また、その際には、あわせて売買高の推移にも目を配っておきましょう。長い上ヒゲやかぶせ線をつけた時期に売買高が突出し、その後、急速に売買高が細っているような場合は要注意です。その時につけた高値がしばらくの間、突破されない高値になる可能性が高いからです。

●上ヒゲ　取引中にいったん高値をつけて上昇したものの、失速して高値から大きく下げて終わった値動きをローソク足で示したとき、高値を示す長い上ヒゲがローソク足の実体部分から突き出した形になります。

●かぶせ線　ローソク足の大陽線（だいようせん）が出た翌日、それよりも高い株価で始まったものの、そこから大きく下落して、その大陽線の半分以下まで下がって終わる形をいいます。ローソク足は、複数の足の組み合わせから値動きの強弱や反転、加速、失速などを読み取ることができます。

買い値を基準とした目標値到達で売る方法はお勧めしない

株価の動きと自身の保有株の買い値の間には何ら関連性はありません。したがって、買い値を基準とした利幅や利益率、例えば、買い値から株価が50円上昇したら売るとか、買い値から株価が20%上昇したら売る、というのは短期売買で利益確保を優先する場合であればともかく、筆者としてはあまり賛成しません。

特に中長期投資の場合は、あくまでも上昇トレンドが続く限り、もしくは明らかな過熱状態にならない限りは、買い値から50円、１００円上がろうが、買い値から2倍、３倍になろうが持ち続けて利益を伸ばすべきです。

しかし一方で、株価はいつまでどこまで上昇するか分からないのも事実です。持ち株を少しずつ売却するのであれば、買い値を基準とした上昇幅や上昇率を基準としてもよいでしょう。

買い値を基準とした売り時として有名なものに、投資元本の回収重視という観点から、持ち株の株価が買い値から2倍になったら半分売る、という方法があります。こうすれば、税金や手数料の影響を除けば、残り半分の持ち株はタダで保有できることになり、計算上いつ売っても利益を得ることができるという点がメリットです。

ファンダメンタルの変化が確認できてから売るのでは遅い

ここまでご説明した売り時は、いずれも株価チャートや各種指標などいわゆる「テクニカル分析」の側面を持ったものです。

一方、ファンダメンタル分析の観点から売り時を把握する方法ももちろんあります。最も一般的なものは、業績の下方修正発表などにより、当初期待していた業績が達成できないことが明らかになった時です。しかしこれは、筆者としては最も避けるべきと考えている方法です。

多くの場合、ファンダメンタルの変化は株価の後追いとなります。つまり、業績の悪化などファンダメンタルの変化が一般の投資家にも明らかになった頃には、株価はすでにかなり下落してしまっていることが多いのです。他の多くの銘柄の株価は順調に上昇しているのに自分の持ち株はなぜか値下がりしている、というような場合、多くはその後、業績見通しの下方修正発表などの悪材料が出現する傾向にあります。

株価には先行性があります。株価の動きを重視せずにファンダメンタルの変化（悪化）を実際に確認できてから売るという行動は、せっかくの利益を失うばかりか、多額の損失の発生にもなりかねません。株価が下げ続けて移動平均線が下向きになったり、株価が移動平均線を明確に割り込むなど下降トレンド入りが濃厚になっても、業績下方修正などの悪材料の公表は未だになされていない、ということもよくあるのです。

株価チャートが下降トレンドに転換したなら、ファンダメンタルの明確な変化が見られなくとも利益確定売りをするべき、というのが筆者の考え方です。

グロース市場銘柄への投資、3つの注意点とは？

東証マザーズ、ジャスダックといった新興市場（当時）が2020年2〜3月のコロナショック以降、反転上昇に転じ、活気に満ち溢れていたのは記憶に新しいところです。新興市場銘柄の中には、短期間で3倍、5倍に急上昇するものも目立ちました。

短期間での大きな利益も大いに期待できるグロース市場銘柄ですが、気をつけておかなければいけない点も多くあります。大失敗につながりかねないという観点から、筆者が特に注意している点を3点ご紹介します。

注意点1　値動きの激しさゆえの損切りの重要性

グロース市場の銘柄は発行済株式数が少なく**流動性**も低いため、よくも悪くも値動きが大きいのが特徴です。上昇相場にうまく乗ることができれば短期間で大きな利益を得られる半面、高値掴みをした銘柄をそのまま放置すると、あっという間に株価が買い値の２分の１、３分の１へと大きく下落してしまいます。買うタイミングによっては、買い値から10分の１以下への暴落さえあることも。

筆者は常々損切りの重要性を強調していますが、特にグロース市場銘柄については、大失敗を避けるための損切りは必須です。損切りに自信がない方は、株価が短期間に何倍にも上昇した銘柄への新規投資は控えたり、グロース市場銘柄自体を避けてプライム市場の値動きの小さい銘柄（大型株）を投資対象とするのが望ましいと思います。

●**流動性**　株など金融商品の取引のしやすさ、すぐに買い手や売り手を見つけられるかを示す言葉です。流動性の低い銘柄は売る人が少ないので高い価格でしか買えないリスクがあり、逆に売りたい時も買い手があまりいないので、非常に安い価格でしか売れないリスクがあります。

注意点２　「売りたくても売れないリスク」、売買高（流動性）に要注意

グロース市場銘柄は企業規模が小さく、発行済株式の多くをオーナーやその関係者が保

有していることも多いため、流動性が低く、売買高が少ない銘柄が多く見受けられます。株価が上昇局面にあり、売買が活発に行われている時は、普段は少ない売買高が膨れ上がっていることが多いため、特に注意が必要です。

グロース市場銘柄は、値動きが非常に大きく、展開によっては持ち株を一度に全て処分して売り逃げなければならない局面もあります。そんな時、流動性が低いと、売ろうにも売れないという事態が十分起こり得ます。売るべき局面で売ることができなければ、損失が膨らんでしまうことにもなりかねません。これは非常に重大なリスクとなります。

筆者は、この「売りたくても売れないリスク」を避けるため、自身が売買する株数の100倍の売買高がコンスタントにあるような銘柄をできる限り、選ぶようにしています。できれば、投資対象の銘柄の過去の売買高をチェックし、売買高が少ない時でも自身の持ち株を一度に売り切ることができるかどうか、確認しておくことをお勧めします。

注意点3　リスク分散、特定銘柄への集中投資を避け、株価乱高下に備える

グロース市場銘柄は、プライム市場銘柄と比べると企業規模が小さく、事業も多角化されておらず単一かそれに近い業態であるものが多いのが特徴です。そのため、企業業績の

変動が激しくなる傾向があります。

好調な時は非常に高い利益成長を見せる半面、業績悪化となれば大幅な減益どころか一転して大赤字、ということも頻繁に起こります。これが、株価の大きな乱高下を引き起こす理由の一つになっています。

業績の変化はそれがよい変化であっても悪い変化であっても株価に表れることが多いものです。株価の動きには常に注意をしておきましょう。そして、思わぬ業績の悪化や業績予想の下方修正などにより株価が大きく値下がりするリスクをできるだけ抑えるために、一つの銘柄に資金を集中させないようにして、リスク分散を図りましょう。筆者であれば、リスクの高いグロース市場銘柄への投資は１銘柄当たりの上限を投資資金全体の３％程度とするよう心がけています。

大失敗につながる行動を避けることがチャンスをつかむためには重要

グロース市場銘柄は落ち込む時は指数でさえ高値から数分の１以下にまで落ち込みますし、個別銘柄では10分の１以下まで値下がりする銘柄も珍しくありません。

しかし、逆にとらえれば、株価が上昇する時も安値から10倍、20倍とダイナミックに値上がりすることが決して少なくない、これがグロース市場銘柄の魅力でもあります。これまでに挙げたような大失敗につながりかねない注意点に十分気をつけて、チャンスをつかみ取りたいものですね。

株価の底値、天井狙いは失敗の元。過去の呪縛と決別しよう

株式投資で多くの個人投資家が思うこと、それは「できるだけ高く売る」「できるだけ安く買う」。でもそれにこだわり過ぎると、大きな痛手を被るかもしれません。

株価チャートを眺めていると、株価がある時点で底値をつけたり、天井をつけたりしていることが分かります。これを見て、「ああ、あの底値で買えていたらなぁ」とか「あそこの最高値で売れていたら、よかったのになぁ」と思う方も多いのではないでしょうか。底値や天井はそれぞれ、まさに株価の「最大瞬間風速」といってもよいでしょう。

でも、底値で買いたい、天井で売りたいという気持ちを強く持ち過ぎると、逆に大きなミスにつながりかねない点は十分注意しなければなりません。

最安値や最高値を意識し過ぎることの弊害（1）

最安値や最高値を意識し過ぎると、いくつかの弊害が生じます。その一つが、株価が値下がりしている最中に逆張りで買い向かったり、株価が値上がりしている途中で売ってしまったりすることです。

２０２０年2～3月のコロナショックとその後の反発の際は、まさにこの弊害が生じやすい環境でした。

日経平均株価が2万４０００円から、1万６５００円まで大きく値下がりする間、多くの個人投資家は「そろそろ底打ちするはず」と予想して、日経平均株価が2万円を大きく超えている時から逆張りで買い向かいました。

ところが、そこでは全く下げ止まらず、さらなる急落となりました。その結果、パニックになり安値で売ってしまって大きな損失を被ったり、多額の含み損を抱えた塩漬け株を作ってしまったりする個人投資家が続出したのです。

逆に、4月以降の株価急反発時も、「そろそろ株価は天井をつけるだろう」と予想して株価の上昇途中に売却してしまった個人投資家が大部分でした。しかし、株価は天井をつけるどころかそこから2倍、3倍と上昇を続ける銘柄が続出しました。結局、天井ははるか上の水準となり、大きな利益を得る機会を逸してしまったのです。

最安値や最高値を意識し過ぎることの弊害（2）

最安値や最高値を意識し過ぎることにより生じるもう一つの弊害が、「安値覚え」や「高値覚え」です。

「安値覚え」とは、株価が大きく上昇する以前につけていた安い株価を意識し過ぎて、その水準にまで株価が値下がりしなければ買うことを躊躇してしまうことを指します。

例えば、もともと500円だった株の株価が大きく上昇して2000円になったとします。でも、もともとの500円という株価を「安値覚え」しているため、2000円でこの株を買うことができないのです。

でも、業績が伸びている成長株であれば500円の株価が2000円になったあと、再度500円近辺に戻ることはほぼないのです。逆に5000円、1万円とどんどん上昇していくことも少なくありません。

本来であれば2000円で買うことができたはずなのに、500円という過去の株価にとらわれるあまり買うことができず、大きな利益を得られないのです。

逆に、５０００円まで株価が上昇した株が、その後４０００円に値下がりしたとしましょう。この時、多くの個人投資家が「５０００円で売っておけばよかった」と考えます。そして、「今度５０００円になったら売ろう」という判断をするのです。これを「高値覚え」といいます。

でも実際は、５０００円には戻らず３０００円、２０００円……と、どんどん株価が下がっていって、大きな損失を被ってしまうのです。

あくまでも「底打ち」を確認してから買い、「天井」を確認してから売る

では、そのような失敗を避けるためにはどうすればよいのでしょうか。それは、「底打ち」や「天井」をピンポイントで狙うのではなく、底打ちが確認できてから買い、天井が確認できてから売ればよいのです。

そして、以前つけた株価は過去のものと割り切り、現在の株価が買うべきタイミングであれば、底値からかなり上昇した株価でも買えばよいし、売るべきタイミングであれば天井からかなり下落した株価でも売ればよいのです。

では、筆者の場合はどうしているか。下落を続けていた株価が底打ちして25日移動平均

線を超えたら買うようにします。また、25日移動平均線を超えているならば、底値から10倍以上に株価が上昇している銘柄であっても躊躇なく買います。そして売る時も、上昇を続けていた株価が天井をつけて25日移動平均線を割り込んだら売るようにしています。

いつ株価が底打ちするか、あるいは天井をつけるかは誰にも分かりません。であるならば、底打ちの瞬間や、天井をつける瞬間を予想すること自体が無意味です。

「底打ちが確認できた段階で買い、天井が確認できた段階で売る」。こうすれば、もちろんピンポイントの最安値や最高値では売買できませんが、「安値圏」で買い、「高値圏」で売ることは十分可能です。ぜひ覚えておいてください。

「騰落レシオ」と「信用評価損益率」で相場の過熱を感じ取ろう

株価はいつまでも上がり続けるものではなく、それが目先的なものであれ、どこかで天井をつけることになります。そして通常、天井は過熱感のピークとともに訪れます。したがって、天井をピンポイントで当てることは不可能としても、株価が天井圏にあるのかどうかを常に観察し、相場の過熱感を自分自身で感じ取る必要があります。その時、よく使われるのが「騰落レシオ」と「信用評価損益率」の２つの指標です。

騰落レシオは１３０％超えが注意信号

「騰落レシオ」は、東証プライム市場上場銘柄の過去25日間の値上がり銘柄数合計を値下がり銘柄数合計で割った数値で、％表示で表されます。

騰落レシオが高くなるということは、値上がり銘柄数が多い、つまり株価が上昇していることを示します。値上がり銘柄数が値下がり銘柄数よりはるかに多い状況、つまり相場が過熱した状態が続けば、騰落レシオはどんどん高くなります。

一般に、騰落レシオが１３０％（１２０％とされることも多いですが、筆者は１３０％としています）を超えると株価は買われ過ぎの状態であり、調整間近、といわれます。

ただ、騰落レシオが１３０％を超えたらすぐに株価が反落するかといえば、そういうわけではありません。マーケットが強ければ、アベノミクス相場の初動の時期だった２０１３年初めのように、１３０％を超えた水準で何週間もとどまるようなケースもあります。

ですから、騰落レシオが１３０％を超えたからすぐ売り、というわけではなく、相場に過熱感が出てきたという注意信号としてとらえた方がよいでしょう。

騰落レシオが130%を超えた水準では、利食い優先とし、新規投資はできる限り控えるのが無難です。

信用買いの含み損がゼロになる前に株価は天井を打つ

もう一つの「信用評価損益率」は、信用取引の**買い建て玉**がどのくらいの含み損益を抱えているかを示す指標です。東証の「信用取引現在高」のデータをもとに日本経済新聞が発表しているもので、前週末時点の数値が木曜日の日本経済新聞朝刊に掲載されます。

信用評価損益率は通常マイナス(=含み損の状態)で推移しています。これは、信用取引を行う投資家の多くが、信用取引の建て玉が利益になれば早めに決済してしまう半面、含み損が生じた建て玉は損切りせずに我慢して持ち続けてしまうためです。

信用評価損益率がゼロに近づけば、株価はいったんの高値をつける傾向にあります。多くの場合は、信用評価損益率がマイナス数%程度にまで改善した時点が株価の高値になっています。

2013年初めなど相場の勢いが強い時は、まれに信用評価損益率がプラスになることがありますが、それでもプラス数%止まりです。プラス10%とか20%になるようなことはまずありません。

したがって、信用評価損益率がマイナス1桁台前半にまで回復してきたら、持ち株の利食いを本格的に検討すべき局面といえます。

――●**買い建て玉**　信用取引を使って買ったあと、まだ未決済の買いポジションのこと。

株価の天井は騰落レシオのピークよりあとに来る？

経験則上、日経平均株価が目先の高値をつけるのは、騰落レシオが高値をつけてから1～2週間程度、あとになることが多いです。

一方、信用評価損益率が高値をつける週と日経平均株価が高値をつける週は一致するケースが多々あります。

したがって、騰落レシオは株価の先行指標、信用評価損益率は株価の一致指標ということができます。騰落レシオが高値をつけたあとにピークアウトしてきたら要注意、信用評価損益率がマイナス数%まで上昇してきたら持ち株の利食いを検討し、少なくともそこからの全力での新規買いは控える、というスタンスを取るのがよいでしょう。

なお、騰落レシオや信用評価損益率は株価が底値圏にあることを見極めるのに使うこともできます。騰落レシオの場合は70％割れ、信用評価損益率はマイナス20％が底打ちの目安となります。

もちろん、2020年2〜3月のコロナショックの時のように、騰落レシオが70％を大きく割り込んだり、信用評価損益率がマイナス20％を大きく割り込むなど、「売られ過ぎ」の局面からさらに売られることもあります。したがって、騰落レシオや信用評価損益率が売られ過ぎゾーンに達したとしてもすぐに買うのではなく、株価の下げ止まり、反発を確認してから買うようにしましょう。

第6章

ファンダメンタル分析とは何か？

銘柄を4種類のカテゴリーに分類しよう

企業の株価と業績は基本的に連動するものです。そのため、その企業の業績や成長性を見極めるファンダメンタル分析を知っているのといないのとでは、投資成果に大きく差がつきます。

そこで本章ではファンダメンタル分析の初歩についてお話ししていきます。

拙著『株を買うなら最低限知っておきたい ファンダメンタル投資の教科書』（ダイヤモンド社）は、発売から12年以上たった今も増刷がされており、筆者にとっての代表作となりました。ご愛顧いただいている個人投資家の皆さまに、この場を借りて御礼申し上げます。

実は、この本を出す際は、「個人投資家に対して、ファンダメンタル分析の需要が本当にあるのだろうか」と思っていました。しかし、ふたを開けてみると、これほどまでの売れ行きになっているということは、株式投資に真摯（しんし）に向き合って、向上心を持って勉強されている個人投資家の方が多い表れと、筆者もとても嬉しい思いです。

とはいえ、株式投資の未経験者・初心者にとっては、拙著を読むこともハードルが高かったりするようです。ファンダメンタル分析と一言で言っても、実はいくつかのアプローチがあります。それを理解しておかないと、間違った知識が身についてしまいかねません。

　そこで本章では、まず銘柄を４つのカテゴリーに分類してみることから始めてみようと思います。そのうえで、どのカテゴリーに属するものに投資するかを決めていくとよい、と思います。

　その４つとは、「成長株」「割安株」「復活株」「テーマ株」です。もし、この４つのカテゴリーのいずれにも該当しない銘柄であれば、当面は投資対象から外してしまって問題ありません。

カテゴリー１・成長株 〜売上、利益ともに年々増加している銘柄

　まず「成長株」からです。成長株は、簡単に言えば「売上・利益が年々増えている」銘柄のことをいいます。

　株価は、長期的に見れば企業価値に応じて動きます。この企業価値とは、端的に言えば利益を獲得する力です。

　毎年利益が増えているならば、利益を獲得する力も増えています。そうすれば株価も上

昇するというわけです。

そして、利益の源泉は、やはり売上です。売上を増やさずに利益を増やすこともある程度は可能ですが、それには限界があります。

そのため、売上と利益が年々増えている銘柄は、「成長株」として株価が上昇しやすくなります。

おそらく、個人投資家が株式投資をするうえで、この「成長株」が最も見つけやすく、大きな利益を得やすいのではないかと思います。

カテゴリー2・割安株 ～株価が企業価値と比べて低く放置されている銘柄

次に「割安株」です。これは、企業の業績や財務状態など（＝企業価値）と株価とを比べ、株価が割安と判断される銘柄のことです。

株価が割安かどうかを判定するための株価指標として、代表的なものに「ＰＥＲ（株価収益率）」「ＰＢＲ（株価純資産倍率）」「配当利回り」があります。これらの株価指標から見て割安なものを見つけて投資するのです。

この割安株投資は、個人投資家に非常に人気があります。しかしその一方、思ったほどうまく行っていないケースがとても多いのも事実です。

なぜうまく行かないのか、それはＰＥＲなどの株価指標を使いこなすのにはかなりのコツが必要であり、それを理解しないまま銘柄選びを実行する個人投資家がほとんどだからです。

また、相場環境が良好な時は、多くの銘柄の株価が上昇してしまい、割安な銘柄がなくなってしまう、ということもあります。

使い勝手がよいようで、意外と成果を出すのが難しいのが、この「割安株」です。

カテゴリー3・復活株 ～赤字続きから黒字転換、増益へ復活を遂げる銘柄

３つ目は「復活株」です。これは、赤字続きだった銘柄が、黒字に転換し、さらに利益を伸ばしていくような銘柄を指します。

経営者が変わったり、画期的な新製品・新技術を開発したりすると業績が様変わりすることがあります。もともと赤字続きでほとんど評価されていなかった企業が、いきなり優良な企業に変わってしまうわけですから、株価に与えるインパクトも相当なものがあります。

「復活株」に該当する銘柄は少ないですが、赤字から黒字に転換するくらいのタイミングで巡り合った場合、大きな利益をもたらしてくれることもあります。

その一方、「復活株」と思ったら黒字転換が一時的で、また赤字に逆戻り、といったケースもあります。将来の業績の見通しをしっかり読めるかどうかがポイントとなります。

カテゴリー4・テーマ株 ～業績に関係なく「思惑」で大きく上昇する銘柄

4つ目は「テーマ株」です。「テーマ株」とは、特別な新技術・新製品の開発など、将来的に業績に大きくプラスに働くかもしれない要素を持っている銘柄のことをいいます。

3つ目の「復活株」と似ているかもしれませんが、「復活株」の場合は実際に業績が急回復し、それを好感して株価が上昇するのに対し、「テーマ株」は業績へのインパクトが全くない状態から、期待感だけで株価が急騰する点が大きく異なります。

「テーマ株」で注意しなければならないのは、資金の逃げ足が非常に早いという点です。業績の裏づけがそもそもない、もしくは希薄ですから、株式市場をとりまく環境が悪化して下げ相場になると、真っ先に換金売りの対象となります。

また、デイトレーダーなど短期志向の投資家が大勢集まりますから、株価がとても乱高下しやすくなります。株価が短期間に大きく変動する銘柄は、利益を得やすそうに見えて、実は利益を上げにくいのです。

　ある程度経験値のある個人投資家でなければ、あまり積極的に関わらない方が無難だと思います。

成長株に投資するシンプルな方法とは？

　前項で成長株とは、「売上・利益が年々増えている」銘柄であるとお話ししました。

　株式投資において、企業価値は利益、つまりフローの面からのアプローチと純資産、つまりストックの面からのアプローチの２つで測定されるのが一般的です。

　そのうち、今の日本株においては、圧倒的に利益の面からのアプローチがなされています。言い換えれば、１株当たりの利益をより多く獲得できる会社の株価がより大きく上昇するということです。

　となれば、利益が年々増加していく会社は、株価も上昇を続けていくことになります。これが成長株の株価が上昇しやすい理由です。あまり深く考える必要はありません。

個人投資家は成長株をこうやって見つけよう

「成長株をどのようにして探したらよいか分からない」と思っている個人投資家の方も多いかもしれません。でも、成長株を見つける方法は非常にシンプルです。

単純に『会社四季報』で、売上と利益が年々増加していて、今後も増加していく予想になっている銘柄を選ぶだけです。

もちろんそうなっていない銘柄であっても、株価が大きく上昇するものはあります。例えば、それまで売上・利益とも今一つだったものが、突如、好業績になるような銘柄です。でも、そのような銘柄を株価が大きく上昇する前に見つけることは困難です。

そこで、ある程度割り切って、毎年売上・利益が増加している銘柄に絞ってしまいます。それでもこうした銘柄は何百と存在します。投資対象になり得る銘柄が見つからない、ということはありません。

もう一つの方法が、すでに株価が高値をつけている銘柄からピックアップする、という方法です。年初来高値更新銘柄は、投資情報サイトを見ると一覧で表示されます。それらの銘柄につき『会社四季報』などで業績をチェックすれば、成長株を簡単に見つけることができます。

低ＰＥＲランキングで成長株を探すことはできない

多くの個人投資家にとって、「ＰＥＲ（株価収益率）」はなじみのある指標でしょう。投資情報サイトやマネー誌などにも、低ＰＥＲランキングがよく掲載されています。

でも注意したいのは、低ＰＥＲランキングで成長株を探すことはできない、ということです。

ＰＥＲは、当期の予想１株当たり純利益が当期だけでなく将来にわたって同水準で続くと仮定して計算されます。そのため、来期以降の業績の伸びが反映されていません。

一方、成長株は、来期以降の業績のさらなる伸びを投資家が期待して株価が形成されます。ですから、当期予想のみで計算されたＰＥＲは、必然的に高い数値となります。

このような理由で、成長株のＰＥＲは高くなるのが通常ですから、低ＰＥＲランキングを見ても成長株は見つけることができません。

もし、低ＰＥＲランキングの上位に成長株があるとすれば、それは『会社四季報』の業績予想では増収増益になっているものの、プロ投資家はその通りにはならない、と判断しているために株価が低迷している、と考えた方が無難です。

業績の変化に要注意

成長株へ投資する際には、注意しておかなければならないことがあります。それは、成長株の株価は、「将来にわたり業績が伸びることへの期待感」の分だけ、ゲタを履いているということです。

例えば、ある銘柄の株価が、「今後、年率30％の伸びで売上や利益が拡大していく」という投資家の予想のもと、形成されていたとしましょう。しかし、業績の伸びが鈍化し、今後は年率5％程度でしか、売上や利益が伸びなさそうだということが判明すると、株価は年率5％の成長率を前提としたものに修正されることになります。

そうなれば、株価は高値から3分の1とか5分の1の水準にまで値下がりしてしまうことも決して珍しくありません。

成長株は、成長の鈍化が明確になると株価が大きく下落することがよく起こるのです。それ以外にも、投資家が将来の成長を過大評価し、バブル的な高値をつけることもあり、この場合も株価が天井をつけたあとは急落してしまう傾向にあります。

そのため、高値水準でこのような成長株を買っていた場合、そのまま保有を続けていると大きな損失を被ってしまう恐れがあります。

でも、株価のトレンドに従って売買していればそれほど心配することもありません。多くの場合、決算発表等で株価が突然急落するのではなく、十分対応可能なスピードで株価が下落し、25日移動平均線を割り込んでいきます。その時点でしっかりと売却しておけば、高値圏で売却することができます。

くれぐれも、「この銘柄は将来性があるからまだまだ大丈夫」と、25日移動平均線を割り込んで下降トレンドになったあとも保有を続けないようにしましょう。成長株の成長が鈍化して、「普通の株」になってしまえば、株価も大きく下落しますし、高値を更新するのも非常に困難になってしまうからです。

低ＰＥＲランキングを使う際の落とし穴とは？

割安株投資といって真っ先に思いつくのが、ＰＥＲの低い銘柄へ投資するという手法。初心者向けの株式投資の教科書にも、必ず書いてあります。でも、低ＰＥＲランキングの上位銘柄から選ぶと、たくさんの落とし穴が待ち構えています。

初心者向け、入門者向けの株式投資の教科書には、必ずと言ってよいほど、ＰＥＲのこと、そしてＰＥＲが低いほど株価が割安であることが説明されています。

これを踏まえて、ＰＥＲが低い銘柄を探して投資するという個人投資家の方も大勢います。手っ取り早いのが、投資情報サイトなどに掲載されている、低ＰＥＲのランキングです。

ＰＥＲが低い銘柄の中でも、より低く、割安な銘柄が簡単に探せるとあって、このランキングを使って投資対象とする銘柄を選ぶ方も多いようです。

しかし、筆者がある日の低ＰＥＲランキングに載っている上位銘柄を調べたところ、ほとんどの銘柄が「訳あり」の低ＰＥＲになっていました。ここでは、その「訳あり」の内容について解説していきます。

低PERランキングの訳あり（1）～特別利益の存在

非常に多いのが、多額の「特別利益」が計上されているためにＰＥＲが低くなってしまっている銘柄です。

企業が本業によりどれだけ利益を上げることができるかが分からなければ、ＰＥＲで株価が割安かどうかを測定することができません。

しかし、ＰＥＲの計算式は、「株価÷予想１株当たり当期純利益」となっていて、使われるのはあくまでも予想１株当たり当期純利益です。

この当期純利益の中には、特別利益、つまり特殊要因・臨時的な要因により、たまたま生じる利益が含まれてしまっています。この特別利益は、企業の実力に関係なく生じているものです。

したがって、多額の特別利益が生じるような場合は、特別利益の影響を除いた本来あるべきＰＥＲを計算しなければなりません。

その際、筆者は暫定的に「経常利益×65％＝あるべき当期純利益」として計算します。経常利益をベースにするのは、経常利益には特別利益の影響は含まれないこと、そしてなぜ65％かといえば、現状の法人税等の税率が35％弱のため、「１００％－35％」として計算すれば税引き後の利益が試算できるからです。

この点に注意して、低ＰＥＲランキング上位の銘柄のＰＥＲを再計算すると、もともと2倍とか3倍だったものが、10倍近くにまで上昇しました。ＰＥＲ10倍の水準は、利益成長が見込めない銘柄であれば、全く割安ではありません。

こうした作業により、低ＰＥＲランキングに掲載されている銘柄が実は割安ではなかった、ということが分かるのです。

なお、この逆に、多額の特別損失が生じているために本来の実力がＰＥＲで測定できないケースもあります。この場合も上記と同様、「経常利益×65％」で本来あるべき当期純利益を計算して、ＰＥＲを計算し直してみてください。

ちなみに、多額の特別損失が生じる見込みの銘柄は、利益が小さくなるのでＰＥＲが高くなる、もしくは赤字であれば測定不能になるため、そもそも低ＰＥＲランキングには載ってきません。

低PERランキングの訳あり（2）～流動性が低い

２つ目は、「流動性」です。多額の特別利益が生じていないもののＰＥＲが低い銘柄の中には、流動性が低いものがよくあります。流動性が低いとは、言い換えれば日々の売買高が小さい銘柄のことです。

なぜ流動性が低い銘柄のＰＥＲは低いのか、それは多くの投資家から、「流動性が低い」＝「リスクが高い」と認識されているからです。

もう少し分かりやすく言えば、マーケットの環境が悪化して株をキャッシュに換えたいという時、買い手が少なすぎて売るに売れない、売れたとしても非常に安い価格になってしまう、というリスクがあるのです。

また、機関投資家、プロ投資家など、多額の投資資金を扱う投資家は、流動性が低い銘柄に投資資金をつぎ込むことが非常に難しいため、初めから投資対象外としています。そのため、買いたい投資家が絶対的に少なく、株価が上がりにくい、という事情もあります。

しかし、この流動性が低いというリスクを甘受できるのであれば、それ以外の要素、つまり業績が今後継続的に伸びていく見込みがあるような銘柄に投資するのは一つの戦略として有効です。かの有名な個人投資家だった竹田和平さんも、流動性の低い銘柄の大株主に名を連ねていました。

ただし、一度買ったら売りにくい、という点だけは十分に肝に銘じておいてください。

低PERランキングの訳あり（3）～業績の変動が激しい

もう一つ、低ＰＥＲランキング上位の銘柄に多いのが、業績の変動が激しい銘柄です。代表的なのは不動産株で、ＰＥＲ10倍割れの銘柄がゴロゴロしています。

なぜ不動産株のＰＥＲが低いかといえば、不動産市況が急速に悪化した場合、業績が落ち込んで赤字転落となり、場合によっては破たんしてしまう恐れもあるからです。

２００８年に起こったリーマンショックの際も、前年まで増収増益だったにもかかわらず突然大赤字に陥った不動産株が数多くありました。破たんしてしまった、という銘柄もいくつもあります。

こうした銘柄の扱いで悩ましいのは、足元では増収増益が続いていて、今後の見通しも同様であるため、「どう考えても割安だ」と思えてしまう例が非常に多いことです。

したがって、業績の変動が激しい銘柄に投資する際は、単に低ＰＥＲで割安と思うのではなく、今後の景気動向によっては一気に業績が悪化して株価が売られる可能性もあることをよく踏まえたうえで実行するようにしましょう。筆者であれば、上昇トレンドの時しか保有しないようにします。

また、バイオ関連株などに多いのですが、たまたま特殊要因で今期は多額の利益が計上される予定だが、来期以降はその利益が見込めない、というケースもＰＥＲは低くなりがちです。ＰＥＲはあくまでも今期の予想数値と株価とを比べたもので、来期以降の数値はＰＥＲには反映されないからです。これは、『会社四季報』などを見て、業績が好調なのが今期だけではないかを確認すれば多くの場合は解明できます。

低ＰＥＲランキングの最上位から割安株を探す必要はない

ある日の低ＰＥＲランキングの上位50銘柄を見ると、いずれもＰＥＲが5倍を切っていました。しかしそのうち筆者が投資対象としてもよい、と思えたのは数銘柄しかありません。

ＰＥＲが低いほど割安といっても、低過ぎるのにはやはり訳があります。プロ投資家も常に割安な銘柄がないかどうか監視していますから、低ＰＥＲで放置されている銘柄については、何か原因があるのではと、疑ってみるクセをつけるようにしてください。

個人的には、ランキングの上位から順番に探すよりも、ＰＥＲ８～10倍程度の銘柄を探し、そこから投資に値する銘柄をピックアップしていく方がうまく行く可能性が高いと思います。例えば、ＰＥＲ８倍の銘柄で、今後増収増益が予想されるならば、見直し買いにより株価が２～３倍になることも決して珍しくありません。

まだまだあった！　ＰＥＲ投資の落とし穴

実は低ＰＥＲランキングだけでなく、ＰＥＲ自体にも落とし穴がいくつかあります。いったいどのようなものか、そして落とし穴に落ちないための実践的な手法をご紹介します。

個人投資家にとって手掛けやすいのが「割安株」への投資。「安く買って高く売る」投資の極意にも合致した正統派の戦略です。

割安株を見つける時、最も多く使われる投資指標としてＰＥＲがあります。ＰＥＲは「株価÷予想1株当たり当期純利益」で求められるため、誰でも簡単に計算ができます。

しかし、個人投資家がＰＥＲを用いて銘柄選びをすると、多くの場合失敗します。なぜなら、ＰＥＲ自体に落とし穴がたくさんあるからです。以下で一つずつ見ていきましょう。

落とし穴（1）ＰＥＲの分母は「予想」に過ぎない

結論から申し上げますと、ＰＥＲの分母の**予想当期純利益**はあまり当てになりません。決算発表シーズンになると、多くの企業が業績予想の修正を行うことは皆さんもご存知だと思います。まさにこの事実こそが、予想当期純利益の額が当てにならない理由です。

さらには、プロ投資家による各企業の独自の業績予想も結構外れることが多いです。

プロの投資家は、情報や知識を駆使して各企業の利益を予想しますが、それでも正確に予想することは至難の業なのです。

企業が業績予想の修正を発表する際、株価が大きく上下に動くことが非常に多くありますが、これは予想修正の内容が想定外の「サプライズ」であることを表します。

もし、予想修正の内容がプロ投資家の予想に近ければ、予想修正の発表により株価が大きく変動することはないはずです。にもかかわらず株価が大きく変動してしまうのですから、これはプロの予想も当たっていないという表れです。

●**予想当期純利益**　上場企業の多くは、決算発表の際に、次の期の業績がどうなるか、売上・利益の事前予想額を発表します。その際、発表された会社が見込んでいる今期の純利益を「予想当期純利益」といいます。前期の決算発表のときに発表される予想収益は「期初予想」といわれ、その後、業績や経済環境に変化があると企業はその予想を随時、変更します。予想を引き上げることを「業績予想の上方修正」といいます。

落とし穴（2）ＰＥＲ自体が「予想」のかたまり？

そもそも、ＰＥＲという指標自体が「予想」の固まりであることが疑いのない事実です。

拙著『株を買うなら最低限知っておきたい　ファンダメンタル投資の教科書』にも記載がありますが、利益が成長せずに横ばいが続いている銘柄のＰＥＲは10倍前後で推移することが多いです。この事実から、株価は今後10年間に予想される利益の合計により形成されると推測できます。

ですから、PERが30倍とか50倍の銘柄は、必ずしも割高というわけではなく、今後業績が伸びていくという投資家の予想を織り込んだ株価となっています。

一方、業績が好調なのにPERが1桁にとどまっている銘柄は、今の業績が続かず、やがて悪化すると投資家が予想しているためです。

ところが、プロの投資家でさえ当期の純利益の予想が正確にできないことが多いと、先ほど申し上げたばかりです。向こう1年間の正確な予想さえ難しいのですから、今後10年間の利益を正確に予想することなど誰にもできません。

ですから、PERが10倍であっても、投資家の予想に反して今後、業績が悪化していけば、今ついている株価は結果的にかなり割高だった、ということになります。

逆に、PERが50倍の銘柄であっても、投資家の予想とは異なり今後、毎年増収増益が続けば、結果としてかなり割安だった、ということになります。

これらの点からも、PERの数値を鵜呑みにして判断することは非常に危険であることがお分かりいただけるのではないでしょうか。

落とし穴（3）その銘柄、本当に「割安」？

さらなる落とし穴は、本当は割安ではない銘柄を、自分だけが割安と「思っている」ことです。ＰＥＲの分母の当期純利益はあくまでも企業側が発表した予想値です。その結果、次のような状況が頻繁におきます。

会社発表の予想当期純利益で計算したＰＥＲ――7倍
プロの投資家が独自に予想した当期純利益に置き換えて計算したＰＥＲ――21倍

つまり、プロの投資家から見れば、全く割安とはいえない銘柄を、個人投資家は「割安」と勘違いして飛びついてしまう、という状況が生じてしまうのです。これは、まさに個人投資家がＰＥＲを過信した結果、陥ってしまう落とし穴です。

落とし穴（4）割安なら株価も上昇するの？

そして多くの個人投資家の方が勘違いしているのが、「割安＝株価は上昇する」ということです。

いくら株価が割安であっても、その銘柄に各投資家からの投資資金が流入してこなければ、株価の大きな上昇は見込めません。

世の中には、万年割安と呼ばれる銘柄も多々あります。例えば、ＰＥＲが常に10倍を割れているにもかかわらず株価があまり上昇せず、10倍を超えることはなかなかない、という銘柄です。

本当に株価が割安であっても、その銘柄が投資家から注目されておらず、物色の対象から外れているような場合、何年もの間、株が買われることなく時間が経過してしまうことさえ決して珍しくありません。このような銘柄に投資してしまうと、それを保有している間、資金が完全に寝てしまうため、投資効率が低下し、得られる利益も少なくなってしまいます。

落とし穴を回避するための実践的な手法とは？

ここまでの説明で、実はＰＥＲが、投資家の予想により形成された信頼性の低い指標であることがお分かりいただけたでしょうか？

しかしながら、ＰＥＲが低い銘柄の中には本当に割安なものも存在します。個人投資家としては、ぜひこうした割安な銘柄を見つけて投資したいものです。

そこで、ＰＥＲを活用しつつ、落とし穴を回避するための実践的な手法として考えられるのが、筆者が日々実践する「株価トレンド分析」なのです。株価が上昇トレンドの時に新規買いおよび保有継続し、株価が下降トレンドになったら保有株は売却して新規買いを控える方法です。

例えば、ＰＥＲが低いにもかかわらず今後も増収増益が期待でき、自分自身で「これは間違いなく割安だ！」と判断した銘柄があるとします。

こんな時、すぐ買ってしまうのではなく、まずは株価のトレンドを確認してください。本当に割安な銘柄であれば、今は下降トレンドであっても、やがて見直し買いが入って株価が上昇し、上昇トレンドに転じるはずです。

逆に、自分が割安だと思っているだけで本当は割安ではない銘柄なら、株価は上昇せずに下降トレンドが継続するはずです。

また、本当に割安な銘柄にもかかわらず株価が長い期間、上昇しない場合でも株価のトレンドに注目して上昇トレンド以外の時期での投資を避けていれば、無駄に新規買いして資金を寝かせてしまうことが避けられます。その間、他の銘柄へ資金を振り向けることにより、資金効率を高めることができるのです。

配当利回り投資の注意点はＰＥＲ投資と同じ？

ファンダメンタル分析には「配当利回り」に注目する手法もあります。配当利回りは非常に分かりやすくシンプルな指標ですが、実は、ＰＥＲと同じくらい取り扱いが難しいものなのです。

株式投資で得ることのできる利益には大きく分けて「キャピタルゲイン」と「インカムゲイン」の２つがあることはご存じの方も多いと思います。

キャピタルゲインとは、株の値上がりにより得られる利益、インカムゲインとは配当金を受け取ることにより得られる利益です。

これ以外に、個人投資家が大好きな株主優待も、その内容によっては実質的にはインカムゲインと同様の効果があります。

そして、インカムゲインを重視する個人投資家にとって、見逃すことができないのが「配当利回り」という指標です。

配当利回りは、以下の計算式で求めることができます。

配当利回り（％）＝当期予想１株当たり配当金÷株価×１００

株価が２５００円、当期予想１株当たり配当金が40円とすれば、配当利回りは「40÷２５００×１００＝１・６％」となります。

配当利回りとPER、２つの計算式に共通するものとは？

ここで改めて、配当利回りの計算式をよく見てください。この式が何を表しているかが分からなければ、配当利回りを基準に銘柄を選んでいるつもりが、配当利回りにいつの間にか翻弄されてしまうことにもなりかねません。

ヒントとなるのが、実は先ほど見た「ＰＥＲ」なのです。ＰＥＲの計算式は次の通りです。

PER（倍）＝株価÷予想１株当たり当期純利益

配当利回りの計算式と見比べてみて、何か共通点があることがお分かりになったでしょうか？　それは、「当期」の「予想」が計算式の中に含まれているという点です。

つまり、ＰＥＲの注意点、落とし穴を理解することができていれば、配当利回りの注意点、落とし穴もおのずと理解することができるというわけです。

注意点その1――配当利回りはあくまでも「予想」である

改めて配当利回りの計算式を見ると、分子の当期1株当たり配当金はあくまでも予想であることが分かります。

ということは、会社側が発表している当期の配当金予想の通りに、実際に支払われるかどうかは不確定なのです。

予想通りの配当金が支払われるかもしれないし、予想より実際は少なくなるかもしれません。逆に予想よりたくさん支払われる可能性だってあるのです。

仮に、現在の株価1000円、1株当たり予想配当金が30円とすれば、配当利回りは「30÷1000×100＝3％」となり、これだけを見ればかなりの高配当と判断できます。

でも、プロの投資家の目から見て、1株当たりの配当金を30円出すのは難しそうだ、せいぜい15円ではないか、という判断になれば、プロ目線の実質的な配当利回りは「15÷1000×100＝1・5％」にまで低下し、決して高配当とはいえない水準にまで下がってしまいます。

このように、会社発表の1株当たり配当金はあくまでも予想であり、そこから上下に変動する可能性があります。配当利回りが高いのは、あくまで表面上のものに過ぎず、実態は決して高くないということも頻繁にあるという点に注意してください。

注意点その2――配当利回りはあくまでも「当期」の「予想」である

もう一つ、大きな注意点があります。それは、配当利回りはあくまでも当期の予想配当金をベースにしたものだということです。

一昔前は、配当金といえば、業績にかかわらず毎年同じ額を配当し続ける、いわゆる「安定配当」が主流でした。そのような状況なら、配当利回りの数値にも意味がありました。

しかし現在は、業績の変動に応じて配当金も柔軟に変動させる、という考え方が一般的になっています。

となると、当期の予想値通りに当期の配当金が支払われるとしても、当期の数値をベースにして計算された配当利回りを表面的に用いて判断することはかなり危険であるといえます。

具体的な数値例を挙げてみましょう。配当利回りが２％で同じＡ株、Ｂ株、Ｃ株があるとします。株価は全て1000円、当期の1株当たり配当金は20円です。
・A株は業績が安定していて、今後も同程度の配当金が期待できる。
・B株は業績が伸びていて、今後配当金の増額も期待できる。
・C株は業績が悪化傾向にあり、今後は配当金の減額の恐れも高い。
このような状況で、A株、B株、C株の株価のうち、どれが最も割安で、どれが最も割高だと思いますか?

正解は最も割安なのがB株、次がA株、最も割高なのがC株です。

このように、配当利回りの計算式の分子は、「当期」の配当金です。それ以降の配当金がどうなるかについては、投資家自身が予想しなければなりません。

表面上、同じ配当利回りであっても、将来の見通しにより割安にも割高にもなり得る、これが配当利回りを使った銘柄選びの難しさなのです。

配当利回りに着目した銘柄の選び方

配当利回りの計算式はPERと同様、「予想」の占めるウェイトが非常に高いというお話をしました。

5年後、10年後といった将来の配当金がどうなるかは分からない、でも配当利回りは将来の配当金がどうなるかを投資家なりに予想した結果だということです。

確かに将来は分からない、でもこういう考え方はどうでしょうか？

「過去10年間同額の配当金を出し続けていたら、きっと将来も同様になる可能性が高い」、あるいは「過去10年間配当金が増加傾向にあれば、きっと将来も配当金が増加する可能性が高い」という考え方です。

もちろん、将来は不透明ですからこの考え方が正しいという保証はありません。でも、将来の予想ができないにしても、やみくもに考えるのではなく、過去の結果から推測した方が、精度は高くなるといえるのではないでしょうか。

そこで、ランキングなどで高配当利回りの銘柄を探したら、まずは過去の配当状況に注目してください。最低でも5年間、できれば10年間の配当金の推移を見て、配当金が増加傾向にあれば合格です。少なくとも10年間で横ばいが必要です。

もし、配当金が減額傾向にあったり、年によってバラバラの場合は、将来の配当金も今より減ってしまう、もしくはどうなるか予想がつかないことになりますから、避けた方が無難です。

配当利回り活用法・過去の業績や「配当性向」に注目する

配当金の原資は何だと思いますか？　もちろん、当期に上げた利益です。配当金は、利益の一部を株主に還元するものだからです。

先ほど、過去の配当金が増加傾向にあれば合格と述べましたが、配当金を増やすためには業績も伸びていることが必要となります。もし皆さんが経営者の立場であったとしたら、利益が増えていないのに、配当金を毎年増額させようと思いますか？

つまり、利益が伸びているということは、配当金を増やすことのできる実力が備わっているということを意味するのです。

そこで、過去の配当金の推移に加え、過去5年間ないし10年間の業績の推移を確認し、売上や利益が増加傾向にある、最低でも横ばいの水準にあることを確認してください。

もし、利益が伸びていないのにもかかわらず、配当金が増加傾向にあるとしたら、少し注意が必要です。その時は、「配当性向」という指標を使って問題ないかどうか確かめるようにしてください。

「配当性向」とは、当期純利益のうち、配当金に振り向けた額がどのくらいの割合かを表したものです。配当性向の計算式は次の通りです。

配当性向（％）＝１株当たり配当金÷１株当たり当期純利益×１００

例えば、１株当たり配当金が30円、１株当たり当期純利益が１００円だとしたら、「30÷１００×１００＝30％」となります。

配当性向は、通常は高くとも30～40％程度に収まっていることが多いです。これが１００％に近かったり、１００％を超えている場合は要注意です。かなり無理をして配当金を支払っていることを意味しているからです。

ある会社の配当利回りはかなり高水準となっていますが、『会社四季報』等で業績を確認すると、配当性向が１００％を大きく超えていました。

配当性向が１００％を超えているというのは、配当金を支払う財源として当期純利益だけでは足りず、過去の利益の蓄積である利益剰余金を取り崩していることを意味します。

そんなことはいつまでも続くわけはありません。配当性向が１００％を超え、かつ今後の業績が回復する見込みも低い、そんな会社の配当利回りが高いのは、「今期の予想」を基準とした表面上のものに過ぎず、近い将来、配当金が減額されると投資家が判断している可能性が高いのです。

配当利回り活用法・高配当利回り株のリスクをあえて取る

ランキング上位に入るほど配当利回りが非常に高い銘柄は、何らかのリスクが存在している可能性が極めて高いです。

それらの銘柄の特徴としては、主に業績が不安定だったり、配当性向が高いというものです。そのため、将来、配当金が減額される可能性が高いと評価されているのです。

でも、配当利回りが非常に高い銘柄は絶対に避けるべきかといえば、必ずしもそうではありません。こうした銘柄は、将来配当金が減らされるリスクはありますが、減らされると決まったわけではないからです。

例えば、ここ数年は毎年しっかり利益を上げ続けている一方で、配当性向が毎年100%になっている銘柄があります。この銘柄は配当利回りが非常に高いのですが、その理由は今後利益が減ることにより、配当金も減額されるリスクが高いと投資家が判断しているためです。確かに配当性向が毎年100%ですから、利益が減れば配当も減るであろうと容易に推測できます。

でも、今後も現在と同様、同水準の利益を上げ続けることができれば、今と同水準の配当金が今後も続くことになるでしょうから、足元の非常に高い配当利回りで投資することは有利となります。配当金が減らされるリスクは高いが、あえてそのリスクを取って攻めて行く、という考え方もあるのです。

配当金にまつわるアレコレ

配当利回りランキングの上位銘柄の多くは、業績が不安定だったり、配当性向が高いといった、配当金が将来減額される可能性が高い何らかのリスクが存在しているということはこれまで、お話しした通りです。

でも、中には業績が好調だったり、配当性向がそれほど高くないにもかかわらず配当利回りが高い銘柄があります。その場合、「記念配当」「特別配当」が支払われているケースが大半です。

「記念配当」とは、会社設立50周年記念とか、新工場完成記念など、何らかのイベントを記念して上乗せされる配当です。

「特別配当」とは、多額の利益が出た年などに、特別に通常より増額される一時的な配当のことをいいます。

いずれの配当も一時的なもので、翌年以降になると通常の配当に戻ることが大部分です。

そのため、記念配当や特別配当により配当利回りが高くなっている場合は、記念配当や特別配当による上乗せ分を除いた通常の配当金を用いて実質的な配当利回りを出すようにしてください。

配当利回りランキングの上位銘柄をそのまま投資対象にするのではなく、その背景をしっかり調べたうえで検討するようにしましょう。

配当利回りが低い銘柄は「割高」なのか?

配当利回りが高過ぎる場合は何らかのリスクが存在しているものの、一般的に考えて配当利回りが高い方が、株価は割安といえます。

では逆に、配当利回りが低い場合は、株価は割高と考えてよいのでしょうか?

この質問に対する筆者の答えは、「インカムゲインとキャピタルゲイン、どちらの利益を重視しているかによるが、通常はＮＯ」です。

配当利回りが低い銘柄というのは、単に「配当金があまりもらえない」だけです。配当利回りが低くとも、業績が好調で、将来の業績向上も期待できる銘柄であれば、株価の大きな上昇によりキャピタルゲインが期待できます。

配当利回りというインカムゲインを重視している個人投資家の方であっても、キャピタルゲインの可能性も常に頭に入れて銘柄選びをしてもらいたいと筆者は思っています。インカムゲインを追求するあまり、キャピタルゲインを得る機会を自ら閉ざしてしまっては、もったいないです。

配当利回りが低くても、将来業績が大きく伸びたり、配当金が増額される可能性があるならば、キャピタルゲインの観点からも、インカムゲインの観点からも、それは決して割高ではないというのが筆者の結論です。

配当金を出さない会社は「よくない会社」なのか？

また、たくさんの配当金を出す会社がよい会社で、配当金を出さない会社はよくない会社かといえば、それも正しい考え方とはいえません。

なぜなら、あまり配当金を出し過ぎると、会社は将来の投資に必要な資金を確保することができなくなってしまうからです。

会社にとって利益の使い道は、もちろん株主に配当金として還元することもありますが、それと同様に、将来の利益の種まきのために行う投資に対しても必要となります。

成長性が高い会社は、利益をたくさん獲得していても配当金を一切出さないケースも多々あります。それは、株主への配当よりも、会社をより成長させるための投資を優先しているからです。こうした会社は配当利回りではゼロ評価となり、高利回りランキング上位にも絶対にランクインしませんが、キャピタルゲインの可能性からいえば、十分に投資対象になり得ます。

配当金を出すようになったら成長性鈍化に要注意？

逆に、それまで配当金を一切出していなかった会社が配当金を出すようになった場合、「株主への還元姿勢が高まった」と安易に考えるべきではありません。

一言で「株主への還元」と言っても、様々な手法があります。配当金を出すことはもちろん、自己株式を取得・消却する方法もありますし、積極的な投資や研究開発を行って、将来の利益を伸ばすことができれば株価上昇という形で株主の資産形成に貢献することになります。

ですから、成長著しい会社が配当金を出すようになった場合、「成長が鈍化するサイン」ととらえる投資家も少なくありません。

もちろん、配当金を出しながら、かつ年々配当金を増額させながら利益を伸ばしている素晴らしい会社もあります。それでも、成長「率」という観点で見れば、やはり配当金を出さずに将来への投資にお金を回している会社の方が高くなる傾向にあります。

そして、成長率が高い会社の方が株価も大きく上昇する可能性が高いのも事実です。もし配当金を今まで出していなかった会社が配当金を出すようになったら、その後の株価の推移に十分注意しておくべきでしょう。

第7章

日経平均4万円時代。今後の展望は？

今後、日経平均株価は10万円超えも夢じゃない？

２０２４年２月22日、日経平均株価がそれまでの最高値である１９８９年12月29日の３万８９５７円44銭を突破して史上最高値を更新。多くの投資家にとって忘れられない出来事となりました。そして３月４日には初の４万円乗せを達成しました。

筆者が株式投資を始めたのは１９９８年のことです。当時の日経平均株価は約１万３０００円。２００８年のリーマンショック時には日経平均７０００円割れも経験した身からすれば、日経平均株価４万円を超す日を迎えられたのは、非常に感慨深いものがあります。

しかし、日経平均４万円超えが見えた頃から、さまざまな懸念の声も聞かれるようになりました。

数々の声の中でも一番返答に困ってしまうのが「日経平均株価はどこまで上がるのか」という質問です。

未来の株価の推移は誰にもわかりません。筆者自身、その質問を受けるたびに、「知らんがな、自分に聞かないでくれ！」という気持ちになりますが、日経平均株価がここまで上昇すれば、逆にいつ下がるのだろうかと不安に思う「高所恐怖症」に陥ってもおかしくはありません。

ここで、今後の日経平均の動向に関する私見を簡単にお伝えすると、近い将来、日経平均株価が10万円を超える可能性は、十分にあり得ると筆者は思っています。

１９９０年代以来、日本経済は「失われた30年」と呼ばれる、ほとんど成長が見られない長い経済停滞を続けてきました。

しかし、日銀のマイナス金利解除、デフレからの脱却、適度なインフレの継続、および企業の賃上げによって経済が正常化され、今後の日本経済が伸びていく可能性は小さくないと思っています。

例えば、日本が停滞していた30年の間に、米国株式市場（ＮＹダウ）は、10倍以上のパフォーマンスを上げています。仮に他国が30年間に伸ばしていった経済成長と同様の伸びを日本に期待するならば、４万円の日経平均が２・５倍の10万円台に到達する可能性は、十分にあり得る計算です。

現在の日本株の勢いを牽引するのは、外国人投資家たちです。彼らが日本株を買い求める背景には、他国よりも30年遅れた経済成長が日本にも訪れるのではないかとする期待感も含まれているのかもしれません。

テーマ株の注目は、国策である半導体

では、この相場でどんな銘柄を抑えておくべきなのか。筆者が2024年以降に注目するテーマ株のひとつは**半導体**です。

「半導体関連株は、もはや値上がりし過ぎて手が出しづらい」と指摘する方も少なくないのですが、半導体は今後10年くらいにわたって息の長いテーマになるであろうと考えます。最大のポイントは、日本政府が半導体事業を国策として取り組んでいることです。

2024年2月には半導体受託製造最大手の**台湾積体電路製造（TSMC）**が、熊本県菊陽町に工場を建設。さらに現在、北海道千歳市では、トヨタ自動車など国内大手8社が出資し、次世代半導体の国産化をめざす新会社・**ラピダス**が工場建設を進めています。

これらの恩恵を受け、令和6年の公示地価では、TSMCの工場が建設された熊本県菊陽町および隣接する大津町は、商業地の地点での上昇率で全国の1位、2位を独占しました。ラピダスの工場建設が進む北海道千歳市も、商業地や住宅地の地価上昇率が大きな躍進を遂げています。

一連の地価バブルを見ても、各界が半導体事業について、いかに熱い期待を寄せているかがよくわかるのではないでしょうか。

地政学リスクがもたらす影響

なぜ、九州と北海道に半導体の工場を作り始めたのか。それは、米中の間で起きている「経済分断（デカップリング）」が大きな要因です。

これまで、世界における半導体製造はその多くを中国が担っていたので、どこかの国が半導体を使いたいと思えば、中国から仕入れれば何も問題はなかったのです。

しかし、現在、アメリカと中国は強い対立構造を取っています。仮に、２０２４年のアメリカ大統領選でドナルド・トランプ前大統領が再選するようなことがあれば、両国の対立はますます激化していくでしょう。その場合、アメリカは安定的に半導体を仕入れられず、窮地に立たされてしまいます。

そこで新たに打ち出されたのが、日本に半導体の生産拠点を作るという方針です。日本が半導体の生産力を高め、いつでも各国に半導体を供給できる環境を整えておけば、アメリカは中国と取引する必要がなくなります。日本としても、アメリカから「半導体を日本で作ってほしい」との強い声に押され、国を挙げて生産拠点を広げられることになったものと推測します。

世界的にみると日本の半導体シェアは約10％程度なので「日本は半導体分野では力を失

った」との印象を持たれがちですが、半導体製造に必要な材料についてはシェア50％を占めているといわれ、決して競争力が劣っているわけではありません。むしろ、この機を上手に活かすことが日本が半導体戦争で生き残るためのラストチャンスだと言えます。

さらに、米中対立の余波から中国リスクへの懸念が広がり、株式市場でも、これまで中国株や香港株に投資されていた資金が、日本株へと流入しつつあります。従来は、アジアの投資先といえば筆頭に上がるのは中国でしたが、その投資先が日本へと切り替わりつつあります。その最大の投資先として半導体関連株は、まだまだ伸びると筆者自身も思っています。

半導体関連株の注意点を挙げるとすれば、**「ボラティリティ（価格変動の度合い）」**が高い点です。

事実、半導体関連銘柄として人気のレーザーテック（６９２０）にしても、一度天井となる高値をつけてから、一気に半値まで下落したこともあります。それだけ、株価の上下が激しいため、高値掴みをすると下落時に振り落とされてしまうリスクも高いので、注意してください。

１９７０年代の経済から、利上げとインフレ関連銘柄を探す

もう一つ、筆者が注目しているテーマ株は、日銀の利上げとインフレにうまく対応している銘柄です。

１９８０年から２０２０年までの40年間は、世界的に金利が下がり、日本株やアメリカ株の相場は金利低下を前提に動いていました。しかし、ここ数年間一気にインフレ傾向が進み、日銀の利上げも実行されることで、１９８０年から２０２０年までにうまくいっていた手法が通用しない可能性がますます高まっています。今後、個別株の投資家として、インフレに強い銘柄を選ぶのは必然の流れでしょう。

では、どうやって銘柄を選べばいいのでしょうか。ひとつの判断基準は、その企業の価格競争力の高さです。

物品の価格が上がるインフレ時代には、仕入れの値段をはじめとする製造コストが上がります。同じ商品を作るにしても、価格競争力が高く、製造コストを下げられる企業の方が生き残る確率が高くなります。

例えば、豆腐メーカーのやまみ（２８２０）。このメーカーは、コスト競争力に圧倒的な強みを持っていることで知られています。原材料費や光熱費などが高騰し、他社では販

売価格の大幅値上げが迫られる中、やまみは原材料等のコストが上がっても、他社より安く商品を販売することができます。

インフレで何もかも商品の値段が上がっているからこそ、スーパーをはじめとする小売店は、やまみから商品を仕入れたがるのです。やまみは広島を拠点とする企業で、もともとは中国地方を中心に西日本での販売網を持っていましたが、最近では関東地方でも商品を見る機会が増えており、着実に販路を広げています。

これはほんの一例ではありますが、インフレの時代は、このようにコスト競争力が高い会社がシェアを拡大して、株価を押し上げていくのです。

もう一つインフレに強い銘柄といえば、代表格は商社でしょう。

資源や穀物といったモノの値段が上がれば、売買を手掛ける商社が利益を得られるからです。事実、すでに三菱商事や住友商事、三井物産などの三大商社は、上場来高値を付けています。

その他、インフレになると、どういった銘柄が上がるのかを知る手がかりになるのが、「失われた30年」が始まる前の1970年代の経済の動きだと思います。興味のある方はぜひ図書館などへ行って当時の文献などを探ってみてください。筆者も、なんとか時間を見つけ、現在の状況との比較検証をしてみたいと考えているところです。

今後の日経平均の推移は、中小企業の給与にかかっている？

日経平均株価が上昇を続けるか否かを分けるポイントは、今後、日本国内でどのような形でインフレが進んでいくかだと考えます。

２０２４年３月19日、日銀政策金融決定会合にて、17年ぶりのマイナス金利解除が発表されました。

日銀の金利の解除自体については、多くの投資家は規定路線として考えていたことでしょう。その中で注目されていたのは「いつマイナス金利が解除されるか」のタイミングでした。

先立つ２０２４年１月の会合では、日銀が２０１３年１月に掲げた「２％の物価上昇目標」達成の確度が高まったと発表したことで、日本はデフレを脱却したととらえました。

しかし、日銀としては、インフレで物価が上がるだけでは不十分で、そこに賃金の上昇が伴わないとよい循環が生まれないと考えていたはずです。そして迎えた２０２４年３月の春闘では、多くの大企業で賃上げが行われました。これを好機とみて、マイナス金利を解除したのだと考えられます。

その結果、日本は約40年ぶりのインフレ基調に突入しています。この流れ自体は悪いものではありませんが、諸手をあげて喜べるかというと、話はそう簡単ではありません。

良いインフレと悪いインフレ

インフレには、大きく分けると**「ディマンドプルインフレ」**と**「コストプッシュインフレ」**の2種類があります。

前者は、給与が上がり、景気が良くなることで、人々がモノを欲しがり、モノの値段が上がって需要（ディマンド）が増えたことで起こるインフレです。モノがたくさん売れれば、企業にもそれだけ富がもたらされ、従業員の賃金も上がり、消費が拡大するという好循環を生み出します。

後者のコストプッシュインフレは、円安や原料高、人材費用の高騰などによって仕入れの値段が上がったことで発生するインフレを意味します。その場合は、急な値上げによる需要減退や価格転嫁が追い付かないなどの現象が起こり、企業側の利益は減少します。

ディマンドプルインフレの「需要が上がって物価が上がる」という良い循環が生まれて

こそ景気が良くなるのですが、現在日本で起こっているインフレは、まさにコストプッシュインフレです。

２０２４年の春闘によって賃上げがなされたのは、多くが大企業。そんな一部の大企業の社員とは対照的に、中小企業の社員たちは、給与が上がらない中、物価の上昇に苦しむ結果となっています。

実際、「景気は良くなっていないし、給料も上がっていないのに、株価だけが上がっている」「実体経済とはかい離している気がする」と考える人も少なくありません。

今後、利上げを受けて、日本の物価が上がったとしても、中小企業を含む日本全体で賃金がアップしなければ、不景気と物価高が同時に起こる**「スタグフレーション」**に陥るリスクもあります。

こんな不安定な状況でも株価が上昇している理由は、株価とは世の中の雰囲気を先取りする存在だからです。

17年ぶりのマイナス金利解除で、ようやく失われた30年を脱し、新たなステージに入った印象があります。現在の株価上昇は、良いインフレを期待する投資家の気持ちが反映されているのでしょう。

しかし、もう少し時間がたっても、相変わらず社会全体に富の配分が行きわたらない状態が続けば、投資家たちも「今後、スタグフレーションに突入するのでは」と悲観的になり、相場が急落するリスクもあります。

その場合は、日経平均10万円超えなど遠い夢に終わるでしょう。物価が上がり、大企業のみならず社会全体の賃金が上がり、需要が増えるという理想的な好循環が生まれるかどうかが、今後の株価の動向を握る大きな分水嶺となるはずです。

日経平均4万円超えは、「バブル」なのか？

そのほか、多くの方が懸念するのが「現在の日本株の勢いは、バブルに過ぎないのではないか。どうせすぐに急落してしまうのでは？」という不安だと思います。

これに対しては、バブル時と現在のＰＥＲ（株価収益率）を比較してみると、バブル時はＰＥＲが約50～60倍だったのに対して、現在は約17～18倍程度にとどまっているので、「バブルではない」とする主張も少なくありません。

日経平均株価は２２５銘柄の日本の超大企業の集合体なので、あくまで大企業の景気動向に左右されます。上場企業は過去最高益を上げる企業も多く、バブル時と比較するとその利益は約4倍にまで膨れ上がっています。

バブル時よりも上場企業が稼ぎだす利益が大幅に膨らんでいるのですから、日経平均株価が4万円の大台に乗ったことは、妥当だと考えてもよいのかもしれません。

しかし、大切なのは「今の相場はバブルではないから大丈夫だ」と安心しないこと。なぜなら、バブルでなければ株価が下落しないのかというと、決してそうではないからです。

例えば、２００８年のリーマンショックでは、株価が急落する直前の日経平均株価のＰＥＲはおよそ15倍でした。数字だけ見るとバブルとは思えないものの、あっという間に日経平均は半値まで下落。筆者自身も大きな痛手を受けたのは、すでに本書でもご紹介した通りです。

もし「25日移動平均線を株価が割ったら売る」という自分のルールを徹底していたならば、傷をほとんど負わずして、切り抜けられました。でも、「10年間のスパンでみれば歴史的割安水準だから、むしろこれからが絶好の買い時だ」という専門家のコメントを鵜呑みにしたがゆえに、多大なるダメージを受けました。その後、実際にふたを開けてみれば、10年に一度の下落どころか、１００年に一度の下落だったわけです。

また、2020年2~3月に起こったコロナショックによる株価急落前も、日経平均株価のPERはおよそ14倍程度でしたが、あっという間に30％以上の値下がりを記録しました。

バブルでなくても株価の急落はいつでも起こり得ることです。

日本人の投資家には、「順張り」の外国人投資家と反対に、「逆張り」志向の方が多く、株価が下がると、「これは安く買える機会だ」と押し目買いに走りがちです。押し目買い自体は悪いことではありませんが、押し目かと思えば、実はそれは暴落の始まりである可能性もあります。結果として大きな下落に巻き込まれ、多額の含み損を抱えてしまうリスクも伴うのだと、留意してほしいと思います。

一次情報に触れながら投資戦略をたてよう

ここまで読んで、「先行きが判断しづらいから、まだ個別株投資には手を出すのはやめておこうか」と感じる方もいるでしょう。

しかし、これほどの上昇相場は、利益を得る絶好のチャンスです。ここまで環境が整った状況で強気にならないのであれば、「いったいいつ強気になるのか？」とも思います。

相場の動きについていくこともせず、ここで先々に不安を抱き、撤退するのは、あまりにももったいないです。

専門家の意見は、聞かないに越したことはない

大切なのは「どんな相場であろうと、専門家の意見に左右されず、自分のルールを守り抜くこと」です。

例えば、今「現在の株価はバブルだから、もう少ししたら株価は急落するはずだ」という専門家の意見があれば、保有株を売却したくなるはず。でも、その意見に便乗したものの、その後、株価が上昇したら、せっかくの機会を逃してしまうことになります。

反対に、「今の株価はバブルではない。今後、ますます日本株は上昇するに違いない」という専門家の意見を耳にした場合は、買い増しして、さらに保有株を増やしたくなるところです。ですが、その後、株価が下がったら、利益が減り、損失を生むことになります。

このように専門家の意見を頼りに投資を行うと、その意見とは違う結果が生まれた場合、大きな損失につながりがちなのです。

自分の考えを信じるよりも、知識のあるアナリストの意見を参考にした方が良いのではないかと考える気持ちもわかります。ですが、どんな優秀なアナリストであっても、未来を予言することはできません。

昨今各マネー情報メディアでは、多くのアナリストたちが「日経平均はどこまで上がるか」を予想しています。それらを見てみると、それぞれ分析の結果はバラバラです。

先日見かけたとある記事でも、２０２４年12月末までの日経平均株価の値動きを４人のアナリストたちが予測していましたが、一番高い数値は日経平均株価４万８０００円、そして一番安い数値は３万３０００円だと発表されていました。

しかし、そもそもプロのアナリストたちが本当に将来の株価を予想できるのならば、全員とも答えはほぼ同じ予想になるはずです。４人の結果がバラバラになるのは、プロだって将来は誰にもわからないということの証左でしょう。事実、２０２３年の３月頃の時点でも、「２０２４年３月には日経平均株価が４万１０００円を超える」と予想したアナリストはほとんどいなかったはずです。

また、予測内容というのは、状況の変化で新たに出てくる判断材料によって、刻一刻と変わっていくものです。メディアやＳＮＳ等で発表される予測は、あくまで「現時点での予測」に過ぎません。

さらにいえば、アナリストたちは、コンプライアンス上の問題で、基本的には自分のお金で身銭を切って投資をすることはありませんから、マーケットの「温度感」や「変化」を肌で感じ取るのは苦手です。仮に彼らの言葉に従って投資をして、その結果、財産を失ったとしても、「投資は自己責任です」と言われて終わってしまいます。誰も責任はとってはくれません。

それならば、専門家の情報に振り回されず、自分の投資ルールをひたすら守るべきです。筆者ならば、専門家が相場に対してどんな予測を立てていたとしても、「25日移動平均線を超えたら買い、割ったら売る」というルールを徹底します。

こうした世の中の株価予測記事は、エンターテインメントの一種としてみるべきで、情報ソースとすべきものではありません。事実、筆者自身は、できるだけ読まないようにしています。

FRBや日銀の動きから、景気動向を探ろう

もちろん、投資をする上で、情報を取ることが悪いわけではありません。

ただし、もし情報を取るならば、証券アナリストなどの専門家の予想ではなく、日米の金融政策の動向やインフレ率などに関連する一次情報を意識してほしいと思います。

将来の株価や景気の動向を判断する上で、一番大切なのは中央銀行の金融政策です。中でも日本人投資家にとって大切なのは、アメリカの中央銀行であるＦＲＢや日本銀行の動きでしょう。

中央銀行の大切な役割のひとつは「物価の安定」です。仮にモノの需要が高まって価格が上がった場合、景気が良くなりすぎてインフレが進みすぎると、国内の経済活動が混乱してしまいます。

需要と供給のバランスを金利でうまく調整することが、中央銀行が求められる仕事であり、逆に言えば、中央銀行の政策金利が、景気動向に大きな影響を与えてしまうのです。例えば、今多くの投資家が注目しているのが、アメリカのＦＲＢが２０２４年に利下げを行うかどうか。利下げする場合は、何回行うか、でしょう。

利下げをすると、企業は低金利で金融機関から借り入れができるようになるので、社会に出回る資金量が増えます。人々に資金が行きわたれば、当然社会の需要が高まるので、景気はさらに右肩上がりになると予想されます。

現在、アメリカの株価が上がっているのは、多くの投資家たちは、近い将来アメリカのFRBが利下げをし、好景気が訪れるだろうと考え、株を購入しているからです。

しかし、アメリカではまだインフレが進んでいるので、もしこのインフレを抑制するためにFRBがそんな投資家の予想とは裏腹に利上げを行った場合は、株価が暴落する可能性も大いにありますから、今後の投資行動を判断する重要な要素になります。

米国債利回りも重要な指標

そのほか、10年物国債などの長期国債の利回りも、今後の景気動向を予想する上で大切な情報ソースです。

現在、アメリカ国債市場では、10年物国債と2年物国債を比較したとき、2年物国債の方が利回りは高い状態が2022年7月から継続しています。この状態は、**「逆イールド（短期金利が長期金利を上回っている状態）」**と呼ばれ、景気後退の予兆のひとつとされています。過去の統計では、逆イールドが解消されると、その後高確率でリセッション（景気後退）に入るというセオリーがあります。

米国がリセッションに入れば株価は大きく下落するため、世界中の多くの投資家がこの状況を注視しています。

愚者は経験から学び、賢者は歴史から学ぶ

一次情報と向き合い、過去の事象に照らし合わせ、相場を読むことは、専門家の意見を聞くよりも何倍も重要だと思います。

ドイツ帝国の宰相ビスマルクは、**「愚者は経験に学び、賢者は歴史に学ぶ」**という言葉を遺していますが、この言葉にあるように、投資でも先人の知恵や歴史から学ぶかどうかで、結果は大きく分かれます。

筆者のように、25年の投資人生の中で大暴落を経験している人間からすれば、「相場は突然下がることがある」と体感的にわかっていますが、一度も暴落を経験したことのない初心者の方は、「仮に相場が下がっても、我慢して持ち続ければいつかは上がる」と思い込んでしまうでしょう。

自分のお金が毎日減っていく感覚は、頭では「大丈夫」とわかっていても、実際に経験してみると、想像以上に耐えがたいものです。

例えば、みなさんは、1929年の世界大恐慌のとき、どのくらいダウ平均株価が下が

ったかご存じでしょうか？

なんと89％です。ピーク時は３８６ドルだったダウ平均株価は、34カ月をかけて41ドルまで下がり、下落率は89％を記録しました。仮に「４万円の日経平均株価が４４００円前後まで下がってしまった」と言われれば、どれほど恐ろしい状況か想像がつくでしょう。

現在保有する資産が、ほんの数年で10分の１近くまで減るという事態が耐えられる人は、なかなか多くはないでしょう。

自分で経験していない世界で、何事かを判断するのはとても難しいものです。経験していないからこそ、歴史から学ばないとわかりません。そのために本を読んだり、当時を知る人に話を聞いたりと、知識のインプットを続けることが重要なのです。

新ＮＩＳＡの活用でも大切なことは同じ

日経平均株価４万円台突入と同様に、２０２４年以降、個人投資家にとって大きなトピックスといえば、「新ＮＩＳＡ（ニーサ：少額投資非課税制度）」の開始です。

２０２３年までの旧ＮＩＳＡとは大きく制度も内容も変わり、生涯非課税枠は１８００

万円、年間投資限度額もつみたて投資枠・成長投資枠の両枠を使えば360万円まで引き上げられるなど、これまで以上に投資しやすい環境が整ったといえます。

周囲にいるIFA（個人資産アドバイザー）や保険営業マンの方々と話をすると、1月にこの制度がスタートしてから、大勢の投資初心者の方が証券口座開設を始めており、連日問い合わせや質問が殺到しているとのこと。そんな話を聞くだけでも、いかにNISA熱が盛り上がっているかが伝わってきます。

2024年から始まった新NISAとは？

旧NISAでは、一般NISAとつみたてNISAは枠が分かれており、同じ年ではどちらか片方しか利用できませんでした。そのため、個別株投資を行う個人投資家の場合は、つみたてNISAを使っていない方が多かったと思います。

しかし、新NISAでは両方の枠が利用できるので、上限額の枠内であれば、個別株投資を行いながらも、積み立て投資を行うことができます。

本書の読者の方々は、おそらく個別株にご興味のある方が多いと思いますが、生涯非課税枠1800万円分のうち、成長投資枠の1200万円分（年間最大投資額は240万円）までは、個別株にも投資できます。そして、残りの６００万円（年間上限１２０万円）は、「つみたて投資枠」の中で、手数料がほぼかからないインデックスファンドをはじめとする投資信託に投資できます。なお、成長投資枠でも同様の投資信託は購入できるので、上限枠ギリギリの１８００万円全額を積み立て投資に投じることも可能です。

コア・サテライト運用

これまでは積み立て投資には興味のなかった方であっても、この機会に積み立て投資を始めてリスク分散するのは、決して悪い戦略ではないと思います。

みなさんは**「コア・サテライト運用」**という概念をご存じでしょうか。

これは、自分の資産を、リスクを取り過ぎずに安定運用する「コア」と、多少リスクをとっても積極的に運用する「サテライト」の二つに分けるというものです。

コアでは債券やインデックスファンドなどのリスクが低い安定資産に投資し、サテライトでは個別株などのリスクの高い資産に振り向けて積極的にリターンを取りに行く、という運用法を指します。なお、コアとサテライトの配分は、７：３か、８：２くらいのバランスから始めるとよいと言われています。

これを新ＮＩＳＡに置き換えるならば、つみたて投資枠でインデックスファンドなどを購入し、成長投資枠で個別株を購入してもいいでしょう。

筆者自身も、新ＮＩＳＡで積み立て投資を実践しています。

新ＮＩＳＡでは積み立て投資と個別株投資の両立でリスク分散を

インデックスファンドとは、その名の通り、日経平均株価やＴＯＰＩＸ（東証株価指数）をはじめとする数々の市場の指数（インデックス）と連動して動くよう設計された投資信託のことで、平均的で安定した利益が期待できるのがメリットです。裏をかえせば、インデックスファンドによる積み立て投資では、良くも悪くも平均的な利益しか手に入れることができません。リターンという点では、自分の資産を5倍、10倍と増やしたいならば、個別株でないと実現は難しいでしょう。

それでも、積み立て投資を行う理由は、リスク分散のためです。自分の資産をさまざまな資産クラスや時間軸の商品に投資して、リスクを分散させておくことは、投資家にとって欠かせない考え方です。

現在、筆者は日本の個別株を中心に運用しています。米国株をはじめ、その他の投資商品による分散投資には興味があるものの、手が回らないのが正直なところです。

プロの投資家の場合、１日中研究やリサーチに時間を費やしていますが、筆者のような兼業投資家の場合は、１日の中で投資に対してあまり時間を取ることができないので、必然的に日本の個別株以外のチェックにまわせる時間はなくなってしまいます。

ですが、積み立て投資で一定の成果を得られれば、個別株での失敗もカバーできます。筆者自身は、せっかくの非課税枠を目いっぱい利用するためにも、１８００万円のうち、つみたて投資枠の６００万円までは積み立て投資に割り振るつもりです。

銘柄として選んでいるのは、主に世界株式を運用するインデックスファンドです。これは、分散投資としてより効果を高めるために、世界中に投資できる商品をと考えたからです。日本株中心の個別株投資が「攻め」、積み立て投資は「守り」という意味合いもあります。

一方の成長投資枠については、すべては使い切らず、今後相場が暴落した際に個別株に利用する予定ですが、買うのは成長株にしようと考えています。

なぜなら、ＮＩＳＡは投資商品を頻繁に売買するのではなく、長期保有を想定して設計されているので、仮に個別株を購入する場合は「このまま持ち続けよう」という意識が働き、塩漬けが助長されるリスクがあるからです。

買う場合はとてつもなく上がる可能性がある成長株をはじめ、長期間売らずに済むような銘柄を選び、逆に頻繁に売買する可能性があるテーマ株などはＮＩＳＡ口座では購入しないつもりです。

理解しておきたいのは、「積み立て投資」と「個別株投資」の戦略の違い

ひとつ注意したいのは、積み立て投資と個別株投資は、戦略が根本的に異なるという点です。

両者の投資に対する手法や考え方の違いをきちんと理解しておくことが、新ＮＩＳＡで上手に資産形成する上でのポイントになるでしょう。

個別株投資は、基本的には今後上がりそうな銘柄を選び、上昇トレンドになったら購入し、下降トレンドになったら売るという行動が前提になっています。よほど上昇トレンドが続く銘柄でない限りは、ある程度の頻度で売り買いする必要があります。

一方の積み立て投資は、その名の通り、長期的に積み立てる投資手法で、株価のトレンドを無視してずっと持ち続けることで、ある一定のリターンが得られるという前提から成

り立っています。

積み立て投資で肝心なのは、相場にどんな異変があっても、「自分は何があっても、動じずに持ち続ける」という意思を貫くことです。一番よくないのは、積み立てをしているのに、価格が下がると不安になって、中途半端に手放してしまうパターンです。これでは、長期積み立てによる利益は得られません。

相場が動いているなら、アクションを取らずにはいられないという人は、積み立て投資にはあまり向いていないタイプと言えるでしょう。

「興味があるのは個別株だし、自分とは投資スタイルが違うから、積み立て投資はやらないでおこう」と思う人は、今すぐ無理してやる必要はありません。

旧ＮＩＳＡと違い、新ＮＩＳＡは非課税期間が無期限ですので、焦って決断しなくても問題ありません。「この相場ならいける」と思ったときに動いても、決して遅くはないのですから。

Ｓ＆Ｐ５００の「年率８％のリターン」を過信してはいけない

仮に積み立て投資を行う場合、ポイントとなるのが、どのファンドを投資対象として選ぶかでしょう。

多くの方が選んでいるインデックスファンドは、たしかに安定性が高くて手数料も安いのですが、実はそのリスクは意外と知られていないように思います。

事実、昨今、新ＮＩＳＡについての数々のニュースや専門家の意見を聞くたびに首をかしげてしまうのが、「インデックスファンドに20年ほど投資し続ければ、誰しも資産を増やせて、バラ色の人生を描くことができる」という安易なイメージが植え付けられているところです。でもリスクを知らずに安易に投資を続ければ、10年、20年後に「こんなはずではなかったのに」と窮地に陥る可能性は十分にあります。

なかでも危険だと感じるのが、Ｓ＆Ｐ５００種指数のインデックスファンドにまつわる言説の数々です。

Ｓ＆Ｐ５００とは、Ｓ＆Ｐダウ・ジョーンズ・インデックスが選出したアメリカの上場企業約５００社の株価の平均値と連動する代表的な株価指数のこと。

近年様々なインフルエンサーによって取り上げられたことで、多くの日本人投資家もＳ＆Ｐ５００に連動するインデックスファンドを投資対象として選ぶケースが増えています。

Ｓ＆Ｐ５００を選ぶ根拠として、多くの専門家が掲げる代表的な主張が、「Ｓ＆Ｐ５０

０種指数のインデックスファンドに20年間、長期積み立て投資をすれば、過去の経験則上８％程度のリターンが期待できる」というものでしょう。

たしかにこの説明を見ると、20年間投資を続ければ、誰しもが年率８％のリターンを得られるように思います。

でも、実はこの「年率８％」は、あくまで平均値に過ぎないといったら、みなさんはどう思われるでしょうか？　『税金ゼロの運用まるわかり！　ＮＩＳＡのすべてがわかる本』（トミィ著、ソーテック社）によれば、１９７２年９月から２０２２年８月の任意の20年間のＳ&Ｐ５００への積み立て投資のリターンを見ると、最高22・６％、平均８・４％の一方、最低は０・１％となっています。

つまり、始める時期によっては期待しているリターンが得られないこともあるし、20年間積み立てを行ってもほとんど増えない可能性もあるのです。

また、ＩＴバブル崩壊やリーマンショックがあった２０００年代の10年間のように、積み立てをしても、まったく資産が増えない時期もありました。このように、投資をはじめたタイミングによっては元本割れを引き起こす可能性も十分にあり得ます。

株価上昇の牽引役は一部の大企業

この10年間ほどは調子がよかったS&P500ですが、この先ずっと同じように上がり続けるのかと言われれば、疑問の余地はあります。

S&P500を構成する銘柄のうち、株価上昇を牽引しているのは、**「マグニフィセント・セブン」**とも呼ばれるアルファベット（グーグルの持ち株会社）、アップル、フェイスブック（メタ・プラットフォームズ）、アマゾン、マイクロソフト、テスラ、エヌビディアの7社です。

こうしたアメリカ市場の盛り上がりは、2000年のITバブルによく似ています。この時も一部の銘柄が急上昇し、株価をつり上げました。日本では、光通信やソフトバンク（現：ソフトバンクグループ）の株価が急騰してITバブルを誘発し、それらの株価の下落と共に相場は崩壊していきました。

一握りの銘柄の上昇で株価がつり上がっている場合、その企業の勢いが鈍った途端、株価は下がってしまいます。いくら巨大企業でも、今後何十年間もアメリカ市場を支えられるほどの業績を生みだし続けられるかは怪しいと思います。

一番大切なのは「自分がどうふるまうか」を決めておくこと

もちろん、筆者はＳ＆Ｐ５００をはじめとするインデックスファンドの積み立て投資を否定するわけではありません。

積み立て投資を選択肢として選ぶことは問題ないのですが、「新ＮＩＳＡを利用してインデックスファンドに長期投資すれば、老後は安泰だ」と思い込み、資産をそこだけにつぎ込んでしまうこと自体がリスクなのです。

相場が上がっているときは、何をやってもみんなうまくいくものです。反対に、相場が下がったときの行動が、自分の資産を守れるかどうかを左右します。

大切なのは、やはり「大きく下がったときに自分はどうするか」を今のうちから考えておくことです。投資をはじめて日が浅い投資家ほど、「上がったときのこと」ばかり考えて、「下がったときのこと」は考えない傾向があります。

方針を決めておかないと、基準価格が大幅に下落して、投げ売りしてしまう可能性もあります。どうせ投げ売りするならば、５％や10％下がった段階で1回売った方が、痛みは少なくできるはず。反対に「どんな状況になっても積み立てを続ける」と考えるならば、多少下がっても持ち続ける胆力が必要です。

どんな相場であっても、どんな商品であっても、自分の中のルールをぶらさぬように、心していただけたらと思います。

※本書は2021年に弊社より発刊した『お金偏差値30からの株式投資』を加筆・改訂したうえで再編集したものです。著者・足立武志氏が楽天証券の投資情報サイト・トウシルに毎週、連載しているコラム「知って納得！株式投資で負けないための実践的基礎知識」に掲載された記事を再構成しております。

失敗しない株式投資の手法をもっと知りたい方へ

このたびは『お金偏差値30でも始められる株式投資の教科書』をご購読いただき、誠にありがとうございます。

本書は筆者が14年超にわたり連載している楽天証券・トウシルのコラム「知って納得！株式投資で負けないための実践的基礎知識」から、エッセンスとなる箇所を抜粋し、一部加筆修正したものです。本コラムではこれ以外にも個人投資家の方が株式投資で成功するために役に立つ知識・情報を数多く掲載しておりますので、ぜひご覧ください。

https://media.rakuten-sec.net/category/adachi

また、公認会計士足立武志ブログでは、日々の日本株マーケットの概況や、筆者自身の投資戦略などを書いています。

https://kabushiki-adachi.com/

さらに、無料メールマガジン「上位10%の負けない株式投資」では、個人投資家の方に対してより実践的な知識や情報のほか、なかなか表ではお話しできない内容、そしてメールマガジン読者様限定のセミナーのご案内などを配信しております。

http://makenaikabushiki.com/lp_mail/

メールマガジン登録は下記のコードも利用できます。

ぜひ本書に加えこれらを合わせてご活用いただき、株式投資で失敗しないための知識、テクニックを身につけてくださいね。

足立武志（あだち・たけし）
足立公認会計士事務所代表 公認会計士・税理士・ファイナンシャルプランナー
株式会社マネーガーディアン代表取締役
個人投資家の「困った！」を解決する公認会計士。1975年神奈川県生まれ。一橋大学商学部経営学科卒業。資産運用に精通した公認会計士として個人投資家向けに有用かつ実践的な知識・情報をコラム、セミナー、書籍、ブログ等で提供。
楽天証券の投資情報メディア・トウシルのコラム「知って納得！株式投資で負けないための実践的基礎知識」の連載は実に14年、730回に達する。
『株を買うなら最低限知っておきたい ファンダメンタル投資の教科書 改訂版』『株を買うなら最低限知っておきたい 株価チャートの教科書』（ダイヤモンド社）など、株式投資本の著書は10冊超、累計発行部数は40万部超。ベストセラー株式投資本の著者としても、多くの投資家の支持を集めている。
株式投資スクリーニングソフト「マーケットチェッカー2」の開発にも関わる個人投資家でもある。

・公認会計士足立武志ブログ https://kabushiki-adachi.com/
・無料メールマガジン「上位10%の負けない株式投資」
http://makenaikabushiki.com/lp_mail/

お金偏差値30でも始められる株式投資の教科書

発行日………2024年5月10日　第1刷発行

著　者………足立武志

発行者………小池英彦

発行所………株式会社 扶桑社
〒105-8070
東京都港区海岸1-2-20　汐留ビルディング
電話　03-5843-8842（編集）　03-5843-8143（メールセンター）
www.fusosha.co.jp

印刷・製本…中央精版印刷株式会社

装丁…………………………小栗山雄司
DTP…………………………生田敦

ISBN978-4-594-09769-1